JUJUBE

Juliette Gréco

Jujube

Stanké

CRÉDITS PHOTOGRAPHIQUES HORS-TEXTE

Pages 1, 2, 3 : droits réservés — Page 4 : *(haut)* droits réservés, *(bas)* G. Dudognon — Page 5 : droits réservés — Page 6 : *(haut)* G. Dudognon, *(bas gauche)* G. Dudognon, *(bas droite)* droits réservés — Page 7 : *(haut)* M. Simon-Paris-Match, *(bas)* droits réservés — Page 8 : *(haut gauche, droite, milieu de page)* G. Dudognon, *(bas gauche)* droits réservés, *(bas droite)* G. Dudognon — Page 11 : *(haut gauche)* droits réservés, *(haut droit)*A. Scarnati, *(bas gauche)* droits réservés, *(bas droit)* droits réservés — Page 12 : *(haut gauche et droit)* J. Feneyrol, *(bas)* droits réservés — Page 13 : *(haut et bas)* droits réservés — Page 14 : droits réservés — Page 14 : *(haut gauche)* O.R.T.F. C. Calmiche, *(haut droit)* droit réservé, *(milieu gauche)* droits réservés, *(milieu droit)* Schmidt, *(bas)* droits réservés — Page 15 : Irmeli Jung.

ISBN 2-7604-0189-8

*Le grand-père de Jujube et sa femme. La
sœur de Jujube. Oursine.*

Aujourd'hui, la petite fille est cachée derrière la bergère réservée à sa grand-mère, à la droite de la cheminée du salon. Elle aime le grand éventail de cuivre qui empêche le feu de manger le tapis rose à longs poils, fleuri comme un jardin de printemps.

On croit la petite fille en train de jouer dans le jardin, le vrai, le grand derrière la maison.

Elle est coincée... La grand-mère vient d'entrer et s'est assise dans sa bergère. La petite fille écoute. La grand-mère s'évente et tripote les perles qui font de la chaîne d'or un chapelet qui orne son joli cou, l'entoure et retombe jusqu'au nombril retenant le face-à-main insolent.

Elle se penche afin de contrôler la position de ses deux pieds minuscules posés comme ceux d'une poupée sur le tabouret de tapisserie.

La femme de chambre frappe à la porte, entre à demi et annonce : « Mademoiselle Merdiane, Madame. »

« Ouvrez les fenêtres », tonne le grand-père qui passait par là et ressort rapidement, claquant la porte derrière lui.

La petite fille rit silencieusement.

« Chère, comment allez-vous ? » etc. Les vieilles dames bourdonnent.

« Et les petites ?

— Ha ! la grande... »

Suit une série d'adjectifs choisis.

« Mais la petite... » La voix se fait chuchotement. « Je crois qu'elle est complètement idiote, il n'y a rien à en tirer et, qui plus est, elle oppose la force d'inertie. »

La petite cuillère sonne le glas dans la soucoupe. Confiture biscuits. Confidences bruit de dentiers.

Idiote, j'ai compris, mais la force de quoi ? se demande la petite fille et, profitant de l'instant où elles ont quitté leur siège pour aller sur le balcon admirer les plates-bandes de rosiers, elle file. Elle se glisse dans la véranda où règne son grand-père entre l'énorme bibliothèque et son secrétaire ventru, assis sur son haut tabouret à sa table d'architecte. Il a sorti son canif de sa poche et taille son crayon. Elle renifle l'odeur du bois blessé. Il range le canif dans sa poche, elle s'approche, il pose sa main sur la petite tête sans se retourner et reprend son travail.

Dans un coin, la petite fille a caché son ours. Elle a le droit de rester là. Sa grand-mère n'en sait rien et de toute façon cela ne l'intéresse pas le moins du monde de la petite fille. Le monde de la grand-mère est bien établi, cerné, veillé aussi. Luxueux. Son mari lui a inventé une maison posée sur le sol afin qu'elle n'ait que les marches du perron à monter. « J'ai le cœur qui bat la chamade », dit-elle, et elle sourit.

A côté de son lit, sur la table de chevet, il y a les gouttes dans leur flacon sage, rangées dans leur boîte de carton blanc et bleu. Elles rassurent. La grand-mère, quand elle sort en hiver, porte un

manteau de petit-gris qu'elle fait revivre à l'aide
d'un bouquet de violettes de Parme épinglé sur le
manchon assorti. En été, c'est le crêpe noir éclairé
de dentelles ou de broderies blanches. L'éventail
lui aussi change. Il est plus espagnol quand arrive
le soleil, mais très petit toujours, ses mains sont si
petites, rapides comme des oiseaux. Ses chapeaux
sont en toutes saisons transpercés par de cruelles
épingles à tuer avec des têtes dures de pierres
précieuses. Elle aime bien ses chiens. Ils lui
rendent visite chaque jour : Perle, le lévrier gris et
russe..., les quatre pékinois, le loulou de Poméra-
nie... Et puis, à toute heure, à tout instant, les
ouistitis haïs du grand-père renversent les vases
de fleurs, secouent les mimosas en plein hiver, ils
ont tous les droits.

Curieuse, la grand-mère : elle lit les livres de
comptes, règle ses comptes et ceux des domestiques car elle nourrit pour eux un total mépris. Elle
a l'esprit de caste. Il y a elle et puis, après, les
autres. Ils ne sont pas du même monde, n'appartiennent pas au même monde. Ils sont de la race
des « domestiques ». Il faut s'en méfier, « cette
engeance ne sait ni lire ni écrire et ça répondrait
quand on leur donne un ordre ! A qui se fier
aujourd'hui, ma pauvre Merdiane ?... »

La voix passe par la porte entrebâillée. La petite
fille lève les yeux sur le grand-père. Il est courbé
sur sa planche. Il tire des lignes et son té la fait
rêver à une ville terrible qui aurait cette même
forme. C'est arrivé depuis. Le grand-père sourit
férocement sous sa moustache. Il a entendu et il
sait que grand-mère est jalouse de la femme de
chambre portugaise, la jeune fille brune qui a un
lourd chignon dans le cou, la peau mate et des
yeux couleur de menthe à l'eau en pleine soif.

La petite fille a entendu les éclats d'une terrible dispute se briser un après-midi contre les portes du bas du buffet de la salle à manger, dans lequel elle s'était cachée.

Le soir même, ils sont sortis tous les deux, les vieux amoureux, et ils sont allés au Grand Théâtre. Ils sont revenus un peu gris sans doute en chantant des airs d'opéra. On n'a plus jamais entendu de cris à ce propos ni jamais revu la jeune femme. Elle avait lavé ce soir-là les marches du perron au bas duquel sa valise l'attendait. Grand-mère en tenue de soirée se tenait debout, immobile à son balcon, souriant de tous ses yeux de maîtresse de la maison. Grand-père avait sans doute perdu un bouton de col... ou préférait-il ne rien voir ?

La « pauvre Merdiane » et la grand-mère continuent leur bruit de fond. Le grand-père se lève, range soigneusement son té et son crayon, roule le calque et en donne un coup sur la tête de la petite fille. C'est le signal de son départ. Elle le suit jusqu'à la porte du jardin et le regarde partir. Elle retourne dans la maison, entre dans la salle à manger, ouvre la porte du bas du buffet et la referme sur elle. Elle se couche et se raconte une histoire. Alerte ! La « pauvre Merdiane » s'en va. La petite fille sort de sa solitude bien chaude et court dans sa chambre. Pour une fois le scandale est évité. On ne la cherche pas. Elle va apprendre ses leçons. Elle surveille le temps qui passe. Elle va chercher Oursine, son ours, et décide de faire un tour dans la cave à vin... C'est un des endroits favoris de Jujube, il y fait bon, ça sent bon le bois, et la mère de vinaigre qui flotte dans son bocal la fascine. Elle couche Oursine dans une vieille chancelière de fourrure et inspecte les bouteilles couchées dans leurs casiers. Grand-père les aime, il les couve du regard quand il vient dans la cave et n'allume pas l'électricité pour ne pas les déranger sans doute, il se sert d'une bougie. Jujube retrouve Oursine et le fixe dans la pénombre. Elle le sort de la chancelière et le serre contre elle. Il est doux, souple, son nez est cousu, lâche, avec du coton perlé noir, ses yeux aussi sont noirs et brillants. Son pelage est plat, presque blanc, il plaît. Il écoute, il a l'air d'entendre. Les coutures sur les bras et jambes, et surtout sur son ventre font très mal. A l'intérieur des cuisses et des mains, même sous les pieds, il a été cousu. Jujuge a peur. Elle ne sait pas encore pourquoi, mais elle dépose ce pourquoi inconnu dans le jardin de sa mémoire. Il y fleurira. La porte d'entrée vient de se refermer. C'est le moment.

Quand elle arrive, grand-père est déjà installé dans son fauteuil, ses jambes étendues et au bout ses grands pieds. C'est à Jujube de le déchausser. Elle est la plus petite et il l'aime bien. Elle rêve, elle délace lentement les bottines lourdes de terre, de la terre des chantiers qui colle à ses semelles et qu'il rapporte le soir à la maison. Elle est à genoux, mais cela ne lui paraît ni plus étrange ni plus magique que la messe. Elle porte à la femme de chambre des objets devenus inutiles et revient pour jouer à grimper sur l'homme et refaire inlassablement l'inventaire des taches brunes sur ses mains. « Grand-père, redis-moi, qu'est-ce que c'est ? Dis pourquoi. » Et une fois encore il racontera : « Tu vois, ce sont des taches de terre, et quand le dessus de ma main en sera entièrement

recouvert, il faudra que je réponde à l'appel et que
je retourne dans la terre. »

La petite fille fait semblant de ne pas entendre
et lui caresse le lobe de l'oreille, les cheveux, elle
ne veut pas baisser les yeux, elle ne veut plus voir,
elle a peur de comprendre. Elle redescend et s'en
va sans rien dire. Sa sœur est là, elle parle avec sa
grand-mère. Jujube aime sa sœur. On vient les
chercher pour qu'elles aillent faire leur toilette.
Elles échangent des secrets de baignoire, elles
rient et se taisent ostensiblement quand on entre
dans la salle de bains. Elles sont euphoriques car
demain sera une fête. Communion solennelle pour
la grande, privée pour la petite.

Jujube a repéré le pâtissier, il est venu tard ce
soir, avec son commis, apporter les deux énormes
pièces montées entourées d'une gaze. Ils les ont
posées sur une étagère dans la cuisine, au-dessus
de la grande table. Jujube salive... Le dîner lui
semble plus long qu'à l'accoutumée. Grand-père
comme chaque soir découpe de fines tranches de
pain rassis dans sa soupière. Un service de table et
des couverts sont réservés à son seul usage. La
soupière est petite, ronde, une rose sert à soulever
le couvercle. C'est lui qui, après la prière, fait une
petite croix sur le dos du pain frais et le coupe. Il
prend place dans son fauteuil, lève les yeux, on
peut s'asseoir. La sœur de Jujube est en face d'elle,
le grand-père et la grand-mère se regardent d'un
bout de la table à l'autre. Comme un soir sur deux,
il y a des lettres qui gonflent dans le potage. La
sœur de Jujube forme un mot sur le bord de son
assiette et la tourne vers Jujube pour qu'elle
puisse mieux lire. Elle a une manière à elle de
regarder sa sœur qui la fait rire et elle le sait, et ce
soir elle le fait. L'alphabet qui flottait mollement

dans la bouche de Jujube vole de l'autre côté de la table et s'écrase sur la nappe...

« Le soir le plus important de ta vie ! Quelle honte ! Va te coucher immédiatement. »

Chic ! pense la petite fille, je vais pouvoir attendre tranquillement que tout le monde soit endormi. Elle a en tête un autre dessert. La dernière lumière éteinte, elle se lève, se glisse dans la cuisine, grimpe sur la table et admire les pièces montées de tout près. Entre les choux fourrés de crème et scellés par du caramel, il y a de ravissantes fraises des bois confites. Une sur deux fait la joie de sa langue coupable. Le petit Jésus arrivera le matin sur un lit de sucre ! Sacrilège ! gémit la grand-mère en découvrant le forfait à son retour de la messe. La petite fille s'en fout. Il y a beaucoup de monde, de délicieuses nourritures, des vins fins, du champagne et des gâteaux, et personne n'a osé parler de l'indigne Jujube. On ira jusqu'à faire des photographies de ce jour béni !

Sa sœur est belle, vêtue d'une longue robe blanche pleine de plis minuscules, coiffée d'un voile retenu par une couronne de roses de satin et, pendant à sa taille, une aumônière ayant appartenu à Maria Luisa, leur arrière-grand-mère. A l'intérieur, un chapelet de cristal et d'or et une montre neuve.

Encore trois ans et c'est pour moi, pense Jujube, avec une montre à moi peut-être ? Sa sœur a enlevé son voile pour le déjeuner. Jujube est bouclée pour la circonstance et mal à l'aise. La veille on lui a fait des papillotes avec de l'eau sucrée et un fer plat et chaud. Sa couronne à elle est faite de roses pompon d'organsa et elle est toute poisseuse. Jujube a eu chaud. Tant pis, elle s'amuse, elle est heureuse, on ne fait pas attention à elle. Elle regarde.

Demain ce sera lundi, c'est déjà presque lundi et il faut retourner au cours. Le cours A. G. est dirigé par des religieuses sécularisées. Souliers plats, robes noires descendant à la cheville. Mme Daniel est la plus belle. Elle a de longs cheveux roux qu'elle tresse et roule en macarons sur ses deux oreilles. Ses yeux sont bleus. Sa peau laiteuse. Un vrai gâchis... Elle enseigne le dessin et Jujube ne sait pas dessiner. Pas de chance, elle voulait séduire pour une fois. Raté. Les autres ne lui plaisent pas, elle ne fera pas d'efforts mais se fera renvoyer de là comme des autres institutions par la suite. Pour différents motifs, le but étant de ne rester dans aucun des endroits qu'on lui choisit. Elle veut choisir, elle, elle qui semble avoir à peine l'usage de la parole. La cloche annonce la fin des cours. Le célèbre « Une fois de plus tu n'as encore rien fait » ne la rate pas à son retour.

Aujourd'hui jeudi, Jujube est seule dans le jardin derrière la maison. Elle écrase des pétales de fleurs pour en faire des « procédés ». Il y a selon les saisons le « procédé dahliaté », le souci, le « procédé » violette, rosé, etc. Médications miracles pour soigner tous les maux. Il n'y a pas de digitales. Il paraît que c'est utile à la grand-mère, c'est dommage, Jujube voudrait soigner, soulager, guérir. N'importe qui. Jujube a soif, elle a eu pour son goûter une tartine beurrée avec du chocolat râpé sur le dessus. C'est bon. Elle va boire à la prise d'arrosage parce qu'à la surface flottent des îles d'arc-en-ciel. La grand-mère vient de la surprendre, elle crie, elle a peur : « C'est de l'eau croupie, croupie... »

Croupie peut-être, mais belle, belle comme les petites lumières qui dansent derrière les rideaux qui cachent les regards intérieurs. Croupie ? et alors... L'adulte aussi, mais sans beauté et sans mystère. Lui, est à craindre. Il est comme une pierre friable plutôt, inutile. Ce serait drôle de la faire ce qu'elle est, poussière, un jeudi où l'ennui est par trop neutre, un de ces jeudis où on est sûr qu'il suffit d'un coup de poing, d'un coup de pied pour en finir avec ces sourds du cœur et du corps.

Jujube a envie de glaces. Pas question de sortir. Elle va dans le fond du jardin et dans un baquet de bois mélange de l'eau à de la terre. Elle joue à la marchande de glaces. Elle est triste, elle se ment. Elle préfère de beaucoup mentir aux autres. Jeudi gâché. Elle va regarder l'heure au cartel de l'entrée et guetter le retour du grand-père. Comme chaque soir...

Dans la cour de récréation, Jujube reste assise, seule dans un coin. Elle est absente. Elle a bien essayé de jouer au ballon, mais elle n'a pas l'envie de gagner, pas pour ce ballon imbécile en tout cas. Pour les autres peut-être, si elle pouvait arriver à leur parler et si les autres, oui, si les autres... Mais les autres sont semblables, de la même sorte, la même famille. Ensemble. Jujube est seule. Elle ne comprend pas cette agitation, ces cris. Elle voudrait rentrer à la maison.

Le mois de mai est chaud cette année et, chaque soir, elle a un moment de bonheur parfait.

Le grand-père de Jujube était protestant. Il a été converti par les bons soins de sa femme catholique et ceux de Notre-Dame de Lourdes.

Il souffrait de violentes douleurs à l'estomac, but l'eau de la Grotte et, dans le train qui le ramenait vers le château familial, il put manger de la salade de tomates sans dommages ! Miracle ? « Miracle », décidèrent à la fois le clergé et la Faculté. Le grand-père était courtois et de ce fait devint fervent.

Le mois de mai se trouve être dans le même temps celui de la Vierge Marie. Chaque soir donc, à l'heure de l'office, Jujube part seule avec son grand-père. L'aller et le retour se font à pied dans la douceur du début de l'été.

Elle aime cette complicité et marche toute fière, regardant devant elle, tenant au bout de sa petite main ce grand-père d'homme. Il est à elle. Chaque visite à l'église Notre-Dame-des-Anges est un nouveau mariage au milieu des reposoirs, des chants, du parfum de l'encens et de cette unique qualité de silence qui aide l'endroit à paraître sacré. Chacun de ces soirs est une nouvelle fête du corps et du cœur de Jujube. Le grand-père sait entendre le silence. Celui de Jujube.

Tout à l'heure, revenue de ses voyages, elle récitera ses leçons à califourchon sur la longue cuisse solide du grand-père et si il est content, il tendra le bras pour atteindre la porte du coffre-fort vert sur laquelle restent les clefs comme sur celle d'un placard à balais, il en sortira un tube de verre rempli de pièces d'or et il en mettra une dans le creux de la main de Jujube. Il la reprendra quelques instants plus tard pour la ranger dans un autre tube, celui destiné à la petite fille. C'est un

rite. Quand elle redescendra, elle fera une caresse
sur le haut genou immobile et partira en courant.

Jujube a de la fièvre, sa sœur, elle, est couchée
depuis le matin. Les petites ont la rougeole. On les
enferme dans la chambre rouge, c'est assorti et le
lit est immense. Pendant plusieurs jours elles vont
rester seules et en profiteront pour se raconter des
histoires. Quand la nuit tombe, elles se serrent
l'une contre l'autre et la discussion commence.
   « Le meilleur fruit c'est la pêche, décide la
grande.
   — L'abricot, réplique Jujube.
   — L'éternel est ce qu'il y a de plus important...
   — Non, c'est l'infini », réplique faiblement
Jujube.
Alors commence la bataille, elles se découpent
avec leurs doigts transformés en couteaux féroces,
elles se font monstres, se font pleurer, elles vont...
quand soudain la porte grince. Elles ferment les
yeux comme deux poupées, avec un ensemble
parfait, résultat d'une longue habitude. Ennemies
mais complices. Elles pratiquent un langage
inventé par elles dans sa totalité. Elles ont la
même manière de déformer les mots, imprévisi-
ble, mystérieusement codée, indéchiffrable pour
les autres que cela exaspère.
Une certaine façon de chanter est si insolente
qu'elle suffit à les faire punir. Elles se moquent
des autres à leur nez et sous leur nez.
Elles sont et resteront liées, comme des jumel-
les, contre tout ce qui peut atteindre l'autre, pour
tout ce qui peut lui plaire. Ce qui peut rendre
heureuse l'autre, l'aimée. Jusqu'à son dernier jour
leur mère cherchait encore à les comprendre.

Rougeole ou non, elles sont restées terribles, possessives rien n'a pu détruire l'enfance qui brûle encore sous les cendres de ces deux femmes.

« Tu es folle », dit toujours la grande avec un sourire diabolique. Elle aime ça. Elle surveille sa sœur d'un regard fauve et de fauve.

L'arrière-grand-mère.

Jujube regarde intensément son grand-père d'homme : il émerge, même assis, de cette mer dont les vagues, les tempêtes et les joies n'ont jamais été conjuguées qu'au féminin, y compris les possessions et les naissances. Seuls, les morts sont au masculin... Dans cette famille il n'y a que des veuves et des filles.

Il aime bien sa belle-mère. C'est un personnage extraordinaire que Maria Luisa. Très jeune elle se retrouve veuve (bien entendu) et mère d'une fille (bien entendu). Seule avec cette enfant diaphane et fragile, blonde comme l'été, qui est superbe. Elle pourrait nouer ses yeux autour de sa tête et se passer d'un mari riche ou de dot tant ils sont émeraude.

Duchêne, le valet de pied de Maria Luisa, justifie son titre au-delà des limites permises. Il est l'ombre de Maria Luisa, prend soin des chevaux, surveille les voitures et l'accompagne dans ses promenades.

Par les jours chauds, quand Maria Luisa décide de faire le tour de ses terres, ils partent, chevauchent et, lorsque la fatigue se fait sentir, Maria Luisa s'arrête à l'ombre d'un arbre et s'assied.

Duchêne déchausse les petits pieds et, pendant
qu'il part à la recherche d'un épi de blé, Maria
Luisa ôte ses bas. Il revient, s'agenouille et doucement caresse la plante des pieds de l'inconsciente
« Madame ». Soudain, elle en a assez, il se
retourne, elle remet ses bas et il relace les bottines
les yeux baissés. Maria Luisa est une remarquable
cavalière comme le seront sa fille et sa petite-fille.

Duchêne connaît la passion de « Madame », elle
brûle en Espagne : les corridas ! Il lui arrive de
faire atteler en pleine nuit pour arriver à l'heure et
pouvoir assister à son sacrifice favori. Là, sans
retenue aucune, elle se lève, crie, jette bourse,
éventail et chaussures dans l'arène sous l'œil
affolé mais vigilant de Duchêne qui essaye de
récupérer le plus de choses possible dans le sable
rougi par le sang. Elle lui laissera, épuisée par le
plaisir, les rênes jusqu'au retour au château.

Son enfant est là, presque quinze ans. Chaque
matin, à la même heure, elle ouvre grande sa
fenêtre et sort sur son balcon, un petit arrosoir à la
main, pour s'occuper des fleurs qui garnissent les
jardinières.

Sa mère la regarde faire et depuis quelques
jours surveille le manège d'un nouveau venu on ne
sait d'où, jeune, beau et très évidemment riche.
Quand il passe devant la grille du château, il se
lève de son siège, ôte son chapeau dans un profond
salut et disparaît jusqu'au lendemain. La jeune
fille paraît-elle à l'heure à laquelle il passe, ou
bien passe-t-il à l'heure à laquelle elle apparaît ?
Toujours est-il qu'un bal donné comme chaque
année au printemps satisfera la curiosité de Maria
Luisa qui, bien sûr, l'a invité. Il a trente ans, du
bien et quelque peu de mystère et tout cela lui
plaît. Il fera sa demande et elle acceptera de lui

donner son enfant en mariage quand elle aura quinze ans et trois mois, car ainsi sont faites les lois.

Ce sera très beau. En cadeau de noces l'enfant femme recevra une poupée de la taille d'un bébé de trois ans avec, dans sa maison meublée, son trousseau rangé dans les minuscules armoires, sa vaisselle, ses jouets et ses bijoux... et pour mieux apprivoiser l'enfant femme, une serre chauffée remplie d'oiseaux des îles dans laquelle elle peut se promener. Bien d'autres choses encore, mais surtout, et la plus importante, la clef de la chambre de son mari et celle de sa chambre à elle.

Il attendra plus d'un an que son enfant femme vienne gratter à sa porte et lui demande de dormir près de lui. Ils s'aimeront, partiront en voyage de noces pour Paris, découvriront tout ensemble, fêteront tout et, un soir, dans un restaurant célèbre pour ses filets de soles aux moules, sans le savoir prendront leur dernier repas en tête à tête dans ce cabinet particulier. Car, hélas, un pêcheur paresseux avait sans doute récolté les sédentaires mollusques à la proue de cuivre d'un navire à quai. Il en mourut, elle pas. Elle retourna chez sa mère et pleura quelques mois. Sincèrement.

Les deux années convenables écoulées pour respecter le deuil, Maria Luisa décida de redonner le bal de printemps. A la fois pour distraire sa fille et elle-même.

Depuis deux mois quelques timides fleurs roses brodées dans le satin noir avaient fait leur apparition sur les toilettes de Charlotte. Sa robe de bal fut bouleversante. Pudeur et transparence firent rêver les prétendants, mais un seul avait su plaire à la jeune femme. Elle en parla à sa mère qui aussitôt organisa une rencontre. « Je ne vois pas

duquel tu veux parler », dit-elle, et s'en étonnait.
Elle le vit, fut courtoise et, la porte refermée sur le
malheureux jeune homme, elle explosa : « Comment peux-tu envisager épouser un homme qui
a de si grands pieds ! »

La petite veuve couru s'enfermer dans sa chambre et pleura avec sa poupée dans son grand lit
froid. Elle s'endormit, les jours passèrent, et le
jeune homme qui avait de trop grands pieds finit
par plaire à Maria Luisa. Il parlait pierre, architecture, progrès.

Il est solide, se dit-elle, et pas sot. Il a un beau
regard. Elle oublia ses pieds et son absence de
fortune et il devint son gendre. Elle lui confia
d'étranges secrets.

Maria Luisa aimait à être servie et menait
fermement ses vingt-cinq domestiques, mais elle
ne laissait à personne le soin de tuyauter son linge
fin et ses coiffes de nuit. Un jour qu'elle était
occupée à faire rougir le petit fer dans un brasero,
son notaire se fit annoncer, prétextant une affaire
urgente.

On l'introduisit dans la lingerie et chacun s'évanouit comme par enchantement afin de les laisser
parler librement. Le notaire était pâle, ses mains
prenant celles de sa cliente pour y déposer un
respectueux baiser étaient moites et Maria Luisa
avait horreur de ça. Elle se mit à fouiller la braise
du bout de son petit fer et le notaire parla :
« Maria Luisa, dit-il, je vous aime. »

L'objet de ses amours retira délicatement le fer
rougi à point de son support et l'appliqua soigneusement sur la joue du pauvre homme. « Allez donc
expliquer tout cela à votre femme », dit-elle.

Marqué à jamais par le fer à tuyauter l'infamie,

il continua quand même de s'occuper des intérêts de la cruelle.

A son gendre éberlué, mais ravi, elle confia aussi comment elle avait sauvé la vie de sa fille, celle qui était devenue sa femme. Lassée par son médecin de famille qu'elle avait fini par mépriser, voyant son enfant dépérir, cracher du sang, tousser, Maria Luisa décida d'aller voir la sorcière dans sa cabane, à quelques kilomètres, dans le bois qui bordait les vignobles les plus proches. Elle demanda à Duchêne un soir, après le dîner, de seller son cheval favori et de se munir d'une lanterne. Il obéit et aida Maria Luisa à hisser l'enfant sur la selle où, en amazone, avait déjà grimpé la mère. L'enfant était évanouie et impressionnante à regarder. Ses cheveux traînaient sur les flancs du cheval et sa tête reposait sur le bras de sa mère. Ils arrivèrent à la clairière où demeurait la vieille femme et la trouvèrent debout sur le pas de sa porte, avertie par quel oiseau, quel murmure dans les buissons ? Personne ne l'a jamais su.

« Je t'attendais, tu es venue bien tard mais je crois pouvoir faire ce qu'il faut. »

Duchêne laissa glisser doucement l'enfant dans ses bras et la déposa comme une fleur coupée sur le sol de la cabane. « Sors. » Il sortit sans demander son reste. Maria Luisa resta devant la porte à écouter les paroles chantantes de la vieille, ses mains nues jointes comme pour la prière, et attendit.

« Viens. » La sorcière lui remit deux petits sacs de toile, lui expliquant la manière d'administrer leur contenu à l'enfant qui bizarrement avait rouvert les yeux. Dans l'un des deux sacs, Maria Luisa se souvint qu'il y avait de la corne de cerf râpée. Elle prit, bien des années après, consultation auprès d'un médecin qui ne fut aucunement surpris de la chose. « Mais ça arrête les hémorragies, ma chère... » Maria Luisa ne revit jamais un docteur en médecine de sa vie. Elle revit son mari, couché sur son lit de mort, attachant son mouchoir de soie à leurs deux poignets et la suppliant de ne pas le quitter. Elle l'aimait passionnément mais ne le suivit pas. En revanche, elle lui resta fidèle toute son existence. Elle se sentait coupable de n'être pas allée trouver la sorcière pour essayer de le sauver car, comme nous le savons, sa fille Charlotte, elle, guérit.

La découverte d'un père. Mort physique de l'amour de Jujube.

Jujube, assise entre les genoux du grand-père, joue avec la ceinture de sa robe de chambre en rêvassant. Tout à coup elle se lève de toute sa petite taille, le fixe droit dans les yeux et file se coucher afin de garder l'image intacte jusqu'au sommeil. Oursine est déjà là. Il écoutera dans le noir les secrets de la petite fille.

Un matin qui ressemble au précédent comme une tasse de chocolat à une autre, alors qu'elles sont en train de prendre leur petit déjeuner, on leur annonce qu'elles n'iront pas au cours et qu'elles ne sortiront sous aucun prétexte de la maison. Les sœurs se regardent. Après la surprise, la curiosité les chatouille. Pourquoi ? Les verrous de toutes les portes sont poussés, les volets fermés comme pour la nuit. Le grand-père marche de long en large, s'aidant d'une canne, ce qui jamais ne lui arrive quand il est chez lui, et il marmonne. La grand-mère est dans sa chambre, assise à sa table à ouvrage, et fait semblant de broder. Les domestiques ont l'air d'avoir peur.

Le père des petites filles a décidé de reprendre ses enfants. Le siège dure trois jours. Les voisins ravitaillent la place forte par le jardin derrière la maison. Les petites filles sont au comble de l'excitation : elles sont au spectacle.

Au début de la soirée du troisième jour, le grand-père accepte de recevoir le père. L'orage gronde dans la voix du grand-père, les mots résonnent comme des balles de revolver contre les murs de l'entrée. Il ne l'a pas laissé pénétrer plus avant. Tout à coup le grand-père crie : « SORTEZ, vous n'êtes qu'un gredin ! » Par les fentes des volets, on peut le voir courir, sa canne devenue épée à la main, chassant le père au galop. Le grand-père rentre, fait rouvrir portes et fenêtres, s'assied dans son fauteuil mais garde la canne à la main. On n'entendra plus parler de ce père pendant des années.

Il était dans la police, corse, de trente ans plus âgé que la fille de grand-père, la mère des petites filles. Elle l'épousa, dit-elle, parce qu'il ressemblait à Paul Boncour. Peut-être, mais surtout être libre et partir pour Paris faire ses études aux Beaux-Arts. Ils n'avaient pas reçu la même éducation, il la battait, elle le quitta ; il la poursuivit, elle le sema. Il ne paya jamais sa pension et les petites filles furent élevées par les parents de la maman qui considéraient qu'il avait perdu tout droit paternel et payèrent les frais du procès qu'ils lui firent et qu'ils gagnèrent.

Ce père, Jujube ne le revit que des années plus tard, quelques heures, juste le temps de constater qu'il était beau mais inquiétant. Étranger. Ses yeux étaient jaunes comme ceux de sa sœur, jaunes mais sans lumière. En somme, pas la peine d'être curieuse de lui, cela prend trop longtemps de reconstituer un père. C'était trop tard. Les morceaux étaient usés.

Ce matin, le docteur est venu tôt. Il a dit qu'il fallait opérer le grand-père. Ce n'est rien, paraît-il, une simple précaution.

Il faut quand même aller au cours. Jujube prend sa place au fond de la classe et espère toujours que son silence ne sera pas entendu. Elle s'enferme confortablement dans un mutisme douillet qui peut passer pour une infirmité. C'est son but... Tout, plutôt que répondre à des questions dont on a appris la veille les réponses, et rendre des devoirs à une maîtresse que l'on n'a pas choisie. L'astuce consiste à tenir le plus longtemps possible avant un renvoi bien mérité.

Cette attitude restera la sienne propre tout au long de sa vie, à l'exception d'un détail : elle se chargera du renvoi elle-même. De celui de l'autre. Elle regardera se dégrader les sentiments, les vérités vraies, les fausses, sans un mot. Elle attendra la décomposition des rapports humains pour dire adieu. Sans remords et sans regrets. Les autres ne comprendront pas comment ce cœur a pu s'ouvrir sur une chambre rouge et chaude pleine de secrets brûlants, se refermer sur eux pour les préserver des atteintes de toutes sortes et, soudainement, se rouvrir en deux, sur une lame luisante, propre. Coupante. Les laissant seuls et en silence. Dehors. Cœur refermé sur des blessures dont les cicatrices sont pour la plus grande part imperceptibles. Les autres saignent toujours.

On vient chercher les petites filles à l'heure de la sortie comme à l'accoutumée, mais c'est pour les conduire à la clinique voir le grand-père. Il est couché dans un lit trop court et une religieuse et

son voile blanc sont passés deux fois par la porte
entrebâillée aussi étroitement que la fente qui lui
sert de bouche et de laquelle sort dans un souffle :
« Prendrez-vous un peu d'anis étoilé, monsieur ? »
Le regard du Monsieur Grand-père est ce soir d'un
noir terrible. « Non, non et non. » Il est évident
que cette sorte de femme le met hors de lui. La
mielleuse referme la porte en vitesse sans faire de
bruit, son pot de tisane tiède dans la main gauche.
Elle ne reviendra pas.

Le grand-père demande aux petites de s'approcher du lit, il leur caresse les cheveux, elles sont
gênées. Il leur sourit, elles se détendent, souriant à
leur tour, il lisse sa moustache et dit « Au revoir ».
Ce sera adieu. Il mourra le matin très tôt.

Jujube pense à l'odeur du bois blessé par le canif
du grand-père, l'odeur du bois du crayon de
l'architecte. « Le jour où j'ai opéré Oursine, il a
guéri, recousu de mes mains. J'ai envie de tuer les
gens qui abattent les arbres vivants. Morts, oui,
mais qu'est-ce que la mort ? Ils disent que grand-
père est mort mais comment peuvent-ils en être
sûrs ? »

Jujube se dirige vers le fond du jardin et, arrivée
dans l'allée de gravier, s'agenouille les bras en
croix. De toutes ses forces elle cherche le bon Dieu
des images de son livre de messe. De floue, l'image
devient trouble puis atrocement claire. Personne.
Il n'y a personne, seulement elle, toute petite, que
l'on retrouvera évanouie et les genoux en sang le
temps très long que l'un de ceux qui hantent la
chambre mortuaire remarque son absence. Elle
rouvrira ses yeux lavés par l'eau de la solitude
nouvelle. C'est sa première rencontre avec le mot
clef de sa vie. Solitude. On la soulèvera de l'allée
de gravier pour la porter jusqu'à la chambre où,

paraît-il, le grand-père repose. Ses blessures ne la font pas souffrir, ses bras lui sont indifférents. Simplement, de ses yeux, elle ne veut pas voir ça, ce que les autres veulent lui montrer. Ils la forcent à embrasser, à donner le baiser au mort ridicule, ridiculisé, un foulard blanc retenant son menton et tenant sa bouche fermée, sans doute de peur qu'il se remette à parler une fois encore, et qui se noue sur le sommet de sa tête à la manière des œufs de Pâques enrubannés.

« Non, ce n'est pas lui, cette chose n'a jamais été lui, je ne vous crois pas. Je ne vous pardonnerai jamais. »

On la fera vivement sortir de la chambre. Elle gardera, sa vie entière, l'odeur précise et fade de la mort répugnante dans un coin de sa mémoire olfactive où fétide, elle demeure intacte.

Concernant la mort, elle en restera à l'approche du doute, mais gagnera la certitude que les adultes, les vrais, ne sont pas fiables. On ne peut en aucune manière leur faire confiance. Sa confiance à elle vient d'être trahie. On a volé le trésor de la petite fille, tout ce qui lui donnait l'envie de vivre.

Il paraît que la famille est là. La pièce est pleine de vieux, de vieilles. Les vieux sentent mauvais et les vieilles piquent et bavent un peu sur la joue de la petite fille. Elles croient l'embrasser. Et puis d'abord qui sont-elles ces formes inconnues ? Personne. Elle ne les a jamais reconnues. Jamais. Les femmes ont de la barbe et les hommes sont mous. Elle ne savait pas que cela pouvait exister. Grand-père était dur et doux, sa barbe aussi souple que le pelage d'Oursine. Grand-mère est jolie, vive, fraîche. Qui sont les autres ? Ils parlent comme au confessionnal, ils ont sûrement quelque chose à se reprocher. Grand-mère est totalement vêtue de noir jusqu'aux chaussures, même pas de boucles d'écaille ou d'argent, rien que deux petites chaussures tristes.

Elle est très pâle, la femme de grand-père, elle a l'air de ne plus exister, de ne rien voir. Il a sans doute emporté la vie de celle qu'il aimait avec lui. Elle est transparente, tout à coup irréelle, mais toujours jolie. Il l'aimait jolie.

Dans son lit la petite fille ne dort pas, elle a froid, peut-être pour très longtemps. Elle va mettre des années à se réchauffer, elle le sait. Elle pose sa tête sur le ventre d'Oursine et elle surveille la lumière du premier jour de cette autre vie. Vers 7 heures du matin on entre dans la chambre et on l'habille d'une robe grise en flanelle avec un col rond, blanc. Jamais vu cette robe, pense la petite fille, sa sœur porte la même et elles sont chaussées de verni noir.

Elle cherche le regard doré de sa sœur, seule capable de savoir. Elles mangeront de la brandade de morue comme pour le vendredi saint. D'une façon ou de l'autre elle ne peut que leur en vouloir tout au long de ce qui lui reste de vie.

Jujube regardera sans rien dire la fonte de la vie de ceux qu'elle aimait dans un étrange creuset.

Comment la grand-mère se fit voler l'esprit par l'amour et comment on déracina Jujube.

Par un beau dimanche après midi où la maison est presque vide et les domestiques de repos, Jujube est seule avec sa grand-mère. Elle la regarde tirer délicatement les fils de linon pour faire des jours autour d'un mouchoir quand, brutalement, la vieille dame tombe de son fauteuil sur le tapis, son ouvrage à la main. Ses yeux sont clos et son visage livide. Jujube la fixe avec une étrange intensité. Elle rassemble dans sa mémoire les morceaux d'une image molle qui se précise à toute vitesse : les sangsues, ce cérémonial mensuel ! On les sortait de leur bocal, affamées, on les plaçait avec soin derrière les oreilles du grand-père et derrière celles de la grand-mère, où elles plantaient leurs « dents » de vampires et tout à coup devenaient de monstrueuses boucles de bronze luisant, lourdes comme le métal. Pleines, elles tombaient pour retourner dans leur bocal et y dégorger.

Le sang ! L'oreille ! Jujube cherche les ciseaux à broder dans le coffret à ouvrage, les trouve, les ouvre et les referme sur le lobe en appuyant de toutes ses forces. Ça fait une entaille d'où jaillit le sang. Elle court à travers la maison, ouvre la porte d'entrée, traverse le jardin, pousse la grille et hurle dans la rue. Quelqu'un sort, Jujube a eu tort. La grand-mère ne mourra pas. Elle ne retrouvera jamais l'esprit, elle est devenue folle pour cause d'amour. Elle délirera jusqu'au dernier jour, sortant parfois nue de sa chambre, les cheveux défaits, cherchant celui qu'elle aime à travers un terrible brouillard. Elle mourra jolie, cela fait partie de sa bonne éducation, de sa profonde courtoisie aussi, mais plusieurs années après. Seule. Dans une maison de luxe pour vieillards riches dont les enfants, « Mon Dieu ! ont leur vie, ma pauvre Merdiane ».

Le lendemain de l'acte perpétré par Jujube, cette petite bizarre, la maman arrive pour tout régler. Il faut donc tout quitter. La maman vend presque tout, elle préfère les meubles modernes.

Jujube regarde les camions emporter tout ce qu'elle aimait. Restent quelques souvenirs utiles comme la boîte à bijoux de la grand-mère, par exemple. Jujube revoit le cérémonial du choix. Ce soir la grand-mère doit aller à un dîner. Elle a mis une très belle robe de crêpe noir et lourd, et arbore déjà entre ses deux seins la barrette de diamants qui brille de tous ses feux, bien au chaud. Mais, les pendants d'oreilles ? Les solitaires ? Elle essaye et se regarde avec plaisir dans son miroir. Elle pince le lobe de son oreille pour faire ressortir la pâleur de son teint, rouvre encore une fois le tiroir des blancs, comme elle dit, le referme, ouvre celui des rouges, celui des bleus et, satisfaite, referme à clef. Elle aime savoir que tout cela lui appartient, qu'elle a été gâtée et le reste, que son mari ce soir sera fier de l'avoir à son bras.

La voix de la maman brise le reflet et son miroir, et Jujube garde le silence. Quelque chose l'empêche d'être complètement malheureuse, quelque chose de terrible, la colère. Qui dormira dans le lit de grand-père? Elle frissonne et reste debout, figée. Elle ne pardonnera pas cela non plus.

Adieu les jeux fleuris dans le jardin, adieu province, terre de ceux que j'aimais et qui s'aimaient.

Dans le train pour Paris, on la couche dans un drôle de lit. Bercée par le dandinement des wagons sur leur route de fer, elle dort à moitié et serre Oursine très fort contre elle. Personne pour lui raconter une histoire. Si, elle. Elle s'endormira en découvrant les pouvoirs du souvenir.

La gare lui semble gigantesque, les rues sans fin. L'appartement est là, moderne et froid, une forme inconnue dans la manière de répartir les pièces, c'est tout petit ici, se dit doucement Jujube. Et pourtant c'est ce qu'il est convenu d'appeler un luxueux appartement. Rue de Seine, à Saint-Germain-des-Prés.

On les installe dans une grande pièce, chacune a son lit et son bureau aux deux extrémités. Jujube s'assied sur le bord de son lit et sa sœur en fait autant, elles se regardent sans sourire et ouvrent leurs valises, cherchant un reste de chaleur caché au fond. Les meubles sont bas, rectilignes, linéaires. Mais il y a une statuette dans le bureau de la maman qui paraît vivante. C'est une danseuse khmère à côté de laquelle est assis un chat de bronze. Jujube les regarde souvent, les touche.

Où vais-je aller pour la rentrée des classes? se demande Jujube.

Elle se retrouvera avec sa sœur dans l'un des

cours les plus élégants du XVIe arrondissement, portant l'uniforme et le béret de marin sur lequel brille en lettres d'or le nom de l'institution (religieuse). Elles prennent leur repas de midi chez une dame fort stricte sur l'éducation à donner aux enfants, ce qui laisse à Jujube la possibilité de ne pas ouvrir la bouche pour autre chose que pour manger.

Elle réussira à n'y rester que trois mois. La grand-mère avait raison, l'inertie vient à bout de toutes les patiences... C'est silencieux, pratique, pas épuisant pour Jujube et intolérable aux autres. Parfait.

La dernière matinée du trimestre accomplie, elle rentre chez elle, se déshabille, plie soigneusement son uniforme et, ravie, rigole.

La maison est vide. Jujube entre dans la cuisine, ouvre la fenêtre et surveille le sordide endroit où les gens viennent acheter les plats cuisinés à l'heure des repas. Cela l'étonne. Elle ne peut s'empêcher de « curioser » et se penche au péril de sa vie pour constater celle des autres. Ils viennent pour se nourrir, attendent, et ils mangeront tiède. C'est certain. Tiède, c'est terrible. Jujube se révolte contre ces humiliations, ces façons de traiter les humains à coups d'indifférences répétées, l'indifférence qui ferme les plus jolis yeux mais aussi les plus sales.

Les plus sales ne connaissent pour les laver que l'eau glacée des larmes du dépit, les mêmes que celles de la défaite devant l' « argent-amour-envie », larmes tristes qui ne connaîtront jamais l' « argent-tant-pis-amour-envie-de-l'autre », jusqu'à la brûlure des larmes du désir enfin calmé par l'eau des yeux de la source vive de l'autre.

Jujube croit qu'elle n'a rien à craindre, elle a

installé autour d'elle un cercle qu'elle veut magique, invisible à tout autre. Elle le veut infranchis-
sable. Elle seule peut en sortir et y entrer si elle le
désire. L'appartement triste, est moderne, désert.
Jujube est prête pour une nouvelle aventure. Elle
ouvre la fenêtre du bureau de la maman et plonge
son regard du sixième étage jusqu'au rez-de-
chaussée. Elle touche du bout des cils les murs qui
cernent la cour intérieure et jauge le rebord qui
fait le tour du bâtiment. Peut-être vingt, vingt-
cinq mètres ? Jujube salive.

Le rebord doit bien faire une quinzaine de
centimètres. Les pieds en seconde position comme
à l'Opéra, elle doit pouvoir faire le tour complet
du sixième étage en regardant ce qui se passe à
l'intérieur de chaque fenêtre au passage. Elle
enjambe la balustrade, premier obstacle, et
regarde le vide au-dessous d'elle. Elle plaque ses
mains contre le mur et commence le tour de
l'extraordinaire. Elle ne tombera pas et retrouvera la fenêtre du bureau de la maman. Hélas ! La
maman est là, main levée, prête. Jujube ne recevra
que la queue d'une claque et ne comprendra
jamais pourquoi on ne l'a pas félicitée.

Elle se sent forte d'une inutile victoire et se jette
sur son lit, faisant semblant de lire un livre à
l'envers, juste pour voir si la maman sait voir. Elle
ne sait pas. Les yeux brillants, Jujube referme son
livre. A l'endroit.

Une institutrice doit venir vers 2 heures, elle ne
tiendra pas le coup bien longtemps. Les suivantes
non plus. Rien de ce que l'on dit à la petite fille n'a
de prise sur elle, en dehors, parfois, des propos que
lui tient sa sœur et de ce qu'elle choisit dans le
fatras des bourdonnements adultes. Elle ne
répond à aucune question et secoue négativement

la tête à toute tentative de conciliation. Désespérante. Elle est vraiment désespérante.

  Que cherche cette enfant ? Ce qu'elle cherche ?
La solitude vraie, choisie, la paix et le silence pour
mieux entendre ce qu'elle se raconte bouche
fermée.

Les vacances. La guerre. La sorcière et les brugnons blancs. La maison des mères.

L'été est de retour et la maman qui n'est jamais là aussi. Elle a profité de l'une de ses absences pour découvrir et louer une propriété en Dordogne. Jujube et sa sœur y passeront leurs vacances ainsi qu'une amie de la maman et sa fille. La maison est belle et la chambre de Jujube fleurie sur toutes ses parois comme une boîte à gants. Et puis il y a un grenier fermé à clef.

Jujube fait le tour du territoire, rien, aucune issue. Elle entre dans la grange et découvre l'énorme pressoir. Elle l'admire du bas en haut et là, insolite, percée dans le haut du mur, une porte. Inaccessible ? L'été s'annonce bien. Au prix d'acrobaties incroyables, elle forcera le destin et la porte.

Elle restera là-dedans des heures, ouvrant lentement les tiroirs des commodes gorgés d'éventails, de rubans, de photographies jaunissantes, tirant sur les portes des armoires où les robes pendues ont l'air d'attendre un corps vivant, les chapeaux une tête, et les sacs et les gants deux mains... Ils ne seront pas déçus et elle non plus. Patients les objets. Les armoires ont des miroirs. Jujube vivra deux étés à huit ou dix mètres au-dessus du sol, à l'aise. Elle plane. En vérité vraie. Quand elle redescend, elle regarde les autres comme s'ils étaient infirmes, privés de ses plaisirs. C'est difficile d'apprendre à partager et à faire plaisir à l'autre. Alors...

Alors Jujube file sur son vélo à toute vitesse, elle frôle les tournants caillouteux sur l'arête la plus aiguë et un jour finit par tomber. Mal. Le frein du guidon retourné de sa bicyclette entre dans sa cuisse et lui coupe la veine fémorale. Elle introduit son doigt ganté de laine dans la fente qui saigne et remonte la pente qui mène à la propriété, arrive jusque dans le corridor de service au rez-de-chaussée de la maison et s'évanouit profondément sur le carrelage.

La maman est très mécontente et considère que Jujube a fait « semblant ». Semblant de quoi ? se demande Jujube dans un coma finissant. Le docteur fera des points de suture, soulignant le fait que Jujube l'a échappé belle. Elle restera allongée sur une chaise longue, au soleil sur la terrasse, pendant une bonne semaine. Elle en profitera pour écouter les bruits interdits des conversations et le son des terribles silences qui entourent la maison des mères. A cette occasion, la maman de Jujube entreprend de lui tricoter une veste verte et grège. Elle n'ira jamais au bout de son projet qui prendra fin en forme de calotte, verte et grège, qu'elle portera fixée par une barrette, le dimanche pour assister à la messe. Sa sœur a hérité de la pareille. Ni l'une ni l'autre ne sont enchantées, mais la maman a fait un effort et de ce fait les deux filles enfoncent férocement chaque dimanche matin la barrette dans leurs cheveux épais et rebelles et arborent la calotte ratée comme d'autres brandissent un drapeau. Petit le drapeau, mais pris à l'ennemi, à son temps de vie partagée avec la maman et volé à nous. « A moi. » Jujube enfourche son cheval de fer et dévale une fois de plus la pente dangereuse. Elle s'arrête sous le noyer qui couvre d'ombre le tournant fatal et espère que sa fraîcheur est réellement mortelle. Une heure plus tard elle décide de vivre et de retrouver ses amours imaginaires. Elle n'a même pas éternué, le noyer l'a déçue. Elle récupère sa monture d'une main et descend vers la rivière. Elle sait que là le silence brûle.

Elle est amoureuse d'un gitan sourd et muet. Elle l'a vu en se promenant du côté de la mairie. Elle sait qu'il ne s'exprime que par gestes, mimiques. Souvent il reste seul et il lui plaît. Elle le surveille de loin depuis un certain temps. Arrivée au but, elle range sa bicyclette contre le talus et s'assied devant la roulotte du vannier de ses amours. Il est là, installé sur les marches de l'escalier de bois. Que va-t-il sortir de son imagination ? un panier ? une cage ? Elle ne voit que ses yeux. Noirs. Comme du goudron brûlant. Il la regarde et semble parfois la voir.

Elle découvre que sur la rivière, à côté de la roulotte, il y a des libellules et qu'elles font un bruit agaçant et doux qui fait rêver la langue avec les dents, elle aussi essaye de remuer vite vite derrière la nacre ; Jujube sent sa lanque nager dans sa bouche pleine de salive chaude, la nacre brille, la langue glisse sur la nacre.

Jujube rentre à la maison pleine du silence partagé. Elle ne mangera pas beaucoup ce soir et sera privée de dessert pour s'être absentée si longtemps et avoir refusé de dire où elle avait bien pu aller. Elle s'en moque, Jujube, elle possède dans son imprenable des trésors sucrés, salés,

crémeux ou aigres selon ses goûts. Nul ne les a
jamais goûtés. Et qui sait si aujourd'hui quelqu'un en connaît le véritable goût, et qui ? De
toute manière cela n'empêchera pas Jujube de
dormir. Ce qui parfois l'empêche de dormir, c'est
ce qui se passe dans la maison et qu'on essaye de
lui cacher. Qui est donc ce monsieur âgé et chauve
qui fait partie de la Société des nations et qui
regarde ses seins en prétendant qu'elle a de beaux
yeux ? « C'est un cochon », gronde Jujube. « C'est
un homme très bien et très important, ma chérie », implorent les mères qui ont peur du scandale.

Jujube met un disque sur le phono et danse. Sa
sœur aime bien la regarder danser et, quand il y a
de nouveaux venus, elle l'oblige à s'exhiber et la
gifle en privé quand la représentation est mauvaise. Aujourd'hui il n'y a personne et c'est
réussi... « Tu dois le faire exprès », fulmine la
sœur, et Jujube prend la porte en évitant de
justesse le châtiment. Elle se dirige vers l'écurie,
saute sur un cheval, à cru, et disparaît au galop.
Les gendarmes la retrouveront couchée sur un tas
de bois, dormant du sommeil de la juste et de la
fugueuse, à 4 heures du matin. Ce ne sera pas la
dernière fois. Chevaux d'abord, puis taxis et
avions plus tard en savent quelque chose.

Les semaines passent et la maman a une fois de
plus raté les confitures, elle ne sait pas faire ça.
Elle apprendra, mais pour l'instant elle croit
encore que c'est comme cela qu'on plaît aux
enfants. Erreur. Supplémentaire. La copine de la
maman avec laquelle elles passent systématiquement leurs vacances a une fille. Jolie, ronde, rose
et bleue, douce et tendre. Bon. Mais la maman de
Jujube déclare que ce serait bien d'acheter une

maison dans la région et que les mères et les filles y vivent ensemble. Comme si les vacances ne suffisaient pas !

Jujube reste songeuse mais les événements cet été-là vont prendre une tournure dramatique. 1939. La guerre est déclarée. Nous ne rentrerons pas à Paris. « La guerre, oui, mes enfants, la Guerre. Il faut défendre la patrie contre l'envahisseur... » Possible, pense Jujube, mais c'est l'été, et puis les moissons. On va battre le blé, vendanger, danser, faire des repas de fête et s'amuser. Est-ce que ça va changer quelque chose ? Qu'est-ce que c'est que la guerre en réalité ? Où est le front et sur quel terrain les soldats vont-ils se battre ? La guerre, Jujube a appris ce mot dans ses livres de classe, mais il lui apparaît soudainement totalement abstrait. Elle n'a jamais cru que cela pouvait devenir concret. Elle pensait qu'une telle stupidité ne pouvait exister qu'entre les pages de son livre d'histoire de France, ces propos sanglants ne pouvant être inventés que pour faire peur aux enfants. Cet amas de morts inutiles, ces raisons contradictoires lui semblent être le comble de la bêtise et de la méchanceté. Et voilà qu'il faut y croire.

La T.S.F. raconte des horreurs. Il paraît que des milliers de gens fuient leurs maisons et se traînent sur les routes devant l'avance ennemie, et qu'il n'y a pas de balles pour les fusils des soldats français.

En revanche, les soldats allemands semblent furieusement bien équipés. Les mères gémissent sur l'armée et sur la patrie. Regrets éternels sur le chemin admirable des Dames. Ah ! 14-18 ! Les poilus...

Les mots font image et Jujube rit. Elle est punie

sur le champ d'honneur et ira se coucher immédiatement.

« Cette enfant n'a pas de cœur. »

Jujube continue de rire et sautille en montant
l'escalier qui mène à sa chambre. Quand ils seront
tous endormis, elle sortira pour aller se coucher
entre deux rangs de maïs dans le champ qui est de
l'autre côté de la route. Là, elle fixera la lune pour
essayer de voir comment elle est faite et à quoi elle
ressemble.

Le lendemain elle a sommeil et ça lui donne l'air
abattu. Les mères croient à la vertu de leur
punition, elles feraient mieux de s'occuper de la
leur.

La débâcle nous couvre de honte, les vagues
puantes de la défaite nous lèchent la bouche. Les
bandes molletières de nos soldats leur battent les
talons et les entravent dans leur sinistre retraite.
Ils sont impuissants, désespérés, stupéfaits. Ils
pleurent leurs morts et leur dignité perdue. Personne ne comprend les raisons de cette fou-
droyante catastrophe. Heureusement. L'Armée
française se replie dans ses derniers retranche-
ments. Les hommes baissent la tête. Vaincus.
Nous sommes vaincus. Le mot est déplaisant, la
vérité est terrible. Jujube a perdu l'envie de rire
sans comprendre vraiment pourquoi.

Les mouchoirs de fine batiste trempés de larmes
ont séché. La maman a trouvé la maison de ses
rêves, entourée d'arbres fruitiers, d'herbages et de
mares protégées par des peupliers et peuplées
d'oies et de canards. Les oies étant au demeurant
de fort méchants volatiles, pinçant et poursuivant
chacun sans distinction aucune. Jujube leur donne

des coups de badine en douce quand elle est sûre de pas être poursuivie et d'être hors d'atteinte. La maman a été adoptée par un canard de Barbarie qui la suit pas à pas comme le ferait un chien. La maman est ravie. La maman s'extasie devant les poules pondeuses (normales) et les vaches (normalement) laitières. La maman est en plein bonheur. Les maçons, les électriciens, les plombiers, les couvreurs, les peintres et les tapissiers sont au travail et à la fête. La maman est très aimable avec tout le monde. Sa copine aussi.

Jujube apprend avec plaisir que la maman a acheté un cheval et un poney. Pour le poney, une charrette anglaise et pour le cheval, une selle. Jujube aime les chevaux. La maman parle « cultures », élevage et rapport. Elle s'habille différemment, culottes de cheval, béret basque, vestes de cuir ou de tweed, bottes.

Les travaux prendront bientôt fin et Jujube est anxieuse de connaître sa nouvelle demeure. Le jour tant attendu et redouté arrive. La maison des mères est prête. Les trois filles y entrent en même temps qu'en classe. Elles ont hérité vers le mois d'août d'une institutrice anglaise vilaine comme le péché et inexorablement habillée et chapeautée de vert. Dans la maison que les filles doivent quitter, elle avait sa chambre juste au-dessus de la salle à manger. Le parquet nu faisait caisse de résonance et la malheureuse ne jouissait plus du respect qui lui était dû, car, descendant avant de prendre leur petit déjeuner, les filles entendaient le jet cristallin du pipi de l'enseignante chanter dans le seau hygiénique d'émail blanc et bleu. La chose faisant beaucoup rire les petites sottes, Mademoiselle ne comprenait pas pour quelle raison on lui pouffait au nez en disant « Bonjour ».

Elle finit par se lasser, Mademoiselle, et elle repartit dans ses brumes natales par on ne sut jamais quel chemin.

Mademoiselle, ce fameux jour, est encore présente et elle pousse les filles devant elle dans le salon de la nouvelle maison. Là, Jujube retrouve le tapis rose de son enfance, tout fleuri de souvenirs et de bouquets, ailleurs la commode de la chambre de grand-père et de grand-mère ; la grande armoire encore pleine du trousseau avec ses cent paires de draps brodés est dans l'entrée.

Comment donc ces choses se trouvent-elles là ? Jujube regarde la maman et la copine de la maman. Elles ne se rendent compte de rien, elles sourient aux anges, mais la guerre est déclarée, la vraie, sans effusion de sang mais pas sans larmes. Trois et deux qui ne feront jamais cinq, trois filles et deux mères. Pas une seule.

Jujube hurle d'ennui dans un silence de mort. Elle attend la nuit pour mener sa vie clandestine. Parfois Jujube raconte.

« Je sortais me brûler sous la lune et dérober de gros brugnons blancs dont je n'ai jamais retrouvé la saveur. Ils étaient la propriété d'une très vieille femme qui, quand elle marchait, se courbait si fort sur son bâton qu'elle en devenait parallèle au sol. Elle appartenait à un autre monde, celui du feu et du silence. A part la côte qu'elle descendait et remontait le dimanche pour se rendre à l'église et en revenir, elle se tenait toujours assise devant la cheminée de la pièce principale de sa maison. L'âtre était immense et elle y entretenait la flamme sous une bûche sans fin à l'aide de sarments de vignes tordus et noueux comme ses doigts. Au-dessus des braises se balançait un chaudron noir à trois pieds dont le couvercle mal

joint laissait passer des odeurs magiques. Soupe ?
Bouillon ? Magie ? Oui, magie. Je m'arrangeais
pour rencontrer ma victime en sortant de la messe
et la saluer au passage. Elle m'a même invitée à
l'intérieur de sa maison. J'y ai vécu la vérité des
contes que je lisais, des romans dont je violais
quelques pages avant de les replacer dans la
bibliothèque. Elle était ma sorcière vivante, j'étais
sûre qu'elle savait et qu'elle avait établi entre
nous deux le pacte de silence. Elle est quand
même morte un jour d'hiver, mais tout habillée,
prête pour le voyage, chaussée pour l'autre route,
son bâton à la tête de son lit. L'envie des brugnons
blancs m'avait quittée. »

Jujube se tait. Elle se referme comme une
huître.

Pendant ce temps-là les autres jouent à se tuer.
Le fils de la mémé sorcière, depuis qu'elle n'est
plus là, maltraite les bœufs, il les pique en les
insultant. Il va à la chasse avec un vrai fusil, lui.
Peut-être serait-il capable de s'en servir contre un
autre, un autre qui serait entré sur ses terres, dans
son domaine. Qui sait ? Grand-père tirait bien
dans les fesses des voleurs de pommes, mais dans
les cartouches il n'y avait que du sel. Il tirait pile,
le diable d'homme, et il éclatait de rire. Il est
possible que cela les amuse de se guetter et de ne
pas se rater. Drôle de jeu.

Le maréchal Pétain déplaît profondément à la
maman. L'occupation allemande commence à se
faire sentir. Des gens jamais vus traversent la
maison, y restent deux ou trois jours puis dispa-
raissent. D'autres y sont cachés sans doute depuis
plus d'un mois, Jujube les a vus, elle passe des
heures à fouiner partout. Aucune porte ne lui
résiste, aucun tiroir. Elle est silencieuse comme

un chat et on ne sait comment la prendre sur le
fait. Quand l'une des mères arrive, elle a déjà filé.
Faute de preuves, elles ont fini par l'oublier. Elle
est maintenant traitée au pluriel ; plus au singu-
lier.

Cet après-midi, elle se promène dans l'allée des
Mûriers et cherche à voir des vers à soie. Il n'y en a
pas. Alors elle sort un petit livre de sa poche et
déclame le rôle d'Hermione et celui d'Oreste en
réponse pour mieux entendre le sens et la musique
des mots. Elle cherche à comprendre pourquoi
personne n'a l'air de pouvoir être heureux.

La cornette de la mère supérieure du couvent
voisin vole dans l'allée. Le sale oiseau vient faire
sa visite, thé petits gâteaux papotages. Jujube ne
l'aime pas du tout, elle ne sourit jamais en
montrant ses dents. Cela dit, elle n'en a peut-être
pas. Jujube lui montre les siennes comme un chien
qui va mordre. Ça l'amuse, Jujube, elle lui trouve
le regard fuyant.

La main de la religieuse. Les expéditions punitives. La gifle, ou comment Jujube a tué ce qu'elle aimait.

Il faut croire. Croire en Dieu, celui qui a fait de ton grand-père un miraculé à Lourdes. D'accord.

Octobre, Jujube est envoyée par les soins attentifs et tendres de sa maman dans une institution religieuse, bien entendu, et le plus loin possible du domicile de sa maman, bien entendu aussi. La religion a d'étranges raisons que l'enfant déporté refuse. Tout au long de sa vie. Alors l'enfant déporté, l'enfant refusé, de trop, gênant, se retrouve dans une somptueuse prison verte. C'est encore la fin de l'été, le presque automne incomparable du sud-ouest de la France. C'est vrai, c'est très beau, cet endroit, son parc, l'architecture de la noble demeure, sa chapelle ouverte. Refuge.

Que faire, sinon se réfugier dans la douceur et le silence du lieu ? Surtout quand on a pour vertu principale la paresse, en tout cas si c'est ce que l'on veut faire croire car c'est un bastion imprenable, sûr : Jujube est mystique ! Les bras en croix pendant des heures, elle cherche le Dieu qu'on lui avait promis. Elle préfère ça à la gymnastique. Elle gardera toute sa vie le goût de la lumière douce des bougies, enfin, des cierges, et aussi celui des odeurs délicates des fleurs mêlées à celle de l'encens, lis, iris, boules de neige, et aussi le refus des affreux glaïeuls raides qui semblent coulés dans de l'aluminium. Elle recherchera toute sa vie l'odeur des lis, des iris, la plénitude des boules de neige et continuera de refuser les fleurs qui ne savent pas vivre avec le vent sans casser. Elle se fera un jour une maison avec une glycine fidèle qui sait vous prendre dans ses bras sans vous étouffer.

Pour l'instant elle est pensionnaire. Pas laide. Pleine. Pulpeuse. Elle se lave comme tout le monde sous sa chemise de nuit le matin, et le soir avant de se coucher. Elle est triste. Neuneurara séset thénique. Vrai. Elle est un peu folle aussi. Il paraît. En tout cas cela ne semble pas déplaire à la sœur surveillante de nuit. Pas mal, la sœur, de grands yeux verts, des cheveux noirs éclairés de fils d'argent, des seins furieux d'être aplatis et une bouche qui ne laissait passer que des soupirs. « En vérité je vous le dis, c'est ce que j'ai entendu et vu. » Ses mains aussi étaient très belles et très curieuses, avides d'en savoir plus. Elle fut ce plus et cela lui plut en même temps que cela lui déplut car elle y perdit l'idée qu'elle se faisait de l'abstinence.

Jujube peut dire : « Merci, ma sœur, j'ai beaucoup pleuré et jamais je n'ai raté mon coup pour être consolée. Mes chers parents, ma chère maman, votre tendresse et votre attention auraient été pour moi la chose la plus précieuse du monde, ma force, ma douceur. Il m'a fallu réinventer tout ce que vous ne m'avez jamais donné. En revanche j'ai appris le courage et l'amitié, et sans vous, l'amour aussi. »

Quand Jujube reviendra, comme toujours plus

tôt que prévu de son pensionnat, elle retrouvera la
maison des mères bien organisée.

Les enfants dans le pigeonnier, car les enfants
ne doivent pas vivre avec leurs mères sans doute.
Le pigeonnier est un endroit charmant, à deux
étages, avec une grande salle de bains et un gros
Godin rond et argenté pour chauffer le tout.
Jujube est frileuse et bourre le poêle jusqu'à la
gueule de bois de châtaignier. Le parfum est
délicieux. Jujube est grondée parce qu'il fait trop
chaud. Pourquoi les mères viennent-elles chez
nous, se demande Jujube, puisque nous ne pouvons pas aller chez elles, puisque nous n'en avons
pas le droit ? La copine blonde de la maman est
gourmande et pas jeune. Nous si, nous avons droit
à du chocolat et à des tas de choses très bonnes,
mais elles sont enfermées à clef dans une sorte de
tabernacle au centre d'une bibliothèque dans la
chambre des mères, ou dans la salle à manger qui
est ourlée de placards. Elle est au rez-de-chaussée
et donne sur la terrasse. Jujube fait celle qui se
repose en lisant dans un transatlantique, juste
devant la porte de ladite salle à manger. Elle lève
les yeux de son livre pour regarder partir la
maman et sa copine qui vont à la ville la plus
proche faire des achats. Elles ont fait atteler le
poney à la charrette anglaise et la maman joue à
fouette cocher. Elle est belle et rit de plaisir.
Jujube ronge son frein et elle ne sourit pas.
Aussitôt que le bruit des sabots et des roues
s'estompe, quand le grincement de la grille indi-
que à Jujube que l'ennemi a tourné le dos, elle se
lève doucement, comme un fauve. Elle glisse
plutôt qu'elle ne marche, les pieds nus sur le
dallage rouge, et la voilà dans la place.

Dans le tiroir du salon il y a les clefs, elle les

prend, retourne dans la salle à manger par le couloir de service afin de s'assurer que les domestiques sont bien dans la cuisine et dans l'office, et tranquillement ouvre les portes des délices interdites. Un instant de satisfaction diabolique lui fait fermer les yeux, puis à une incroyable rapidité elle se sert. Chocolat en poudre, œufs, sucre, et un bonbon qu'elle dépapillote, laissant exprès la petite boule de papier crissant dans le placard. La joue gonflée elle referme, remet les clefs à leur place, et fonce vers le pigeonnier. Quand sa sœur rentrera ce soir, elle trouvera une grosse mousse au chocolat confectionnée par les soins amoureux et vengeurs de Jujube.

Jujube ne pardonne rien, elle voit tout et multiplie les expéditions punitives. Faute d'amour et de tendresse elle vole ce qui est concret. Ce qui lui appartient. Sa sœur a besoin d'argent ? Elle vole les draps brodés de la famille pour les vendre. Elle a bonne conscience et concocte avec précision ses actes. Elle est en effet coupable de tous les méfaits commis dans la maison et en est fière.

Un jour, elle trouvera la maman dans le pigeonnier en train de lire le carnet secret de Jujube qu'elle a pourtant bien caché sous son matelas. Elle s'immobilise dans l'embrasure de la porte et regarde regarder la maman. La maman se retourne et la voit. Elle est surprise en flagrant délit, la maman, et cela ne lui plaît pas. Alors elle attaque et accuse Jujube de fautes qu'elle n'a pas encore commises, mais qui lui donnent des idées. Elle regarde la maman droit dans les yeux, le mépris de Jujube est si fort qu'elle se glace, lève la main, et gifle la maman par deux fois.

La maman ne bouge pas et Jujube lui jette un

dernier regard, le premier de cette nouvelle vie. C'est fini. Jujube a tué ce qu'elle aimait.

C'est ma mère, dit-elle, mais c'est tout. Elle gardera toujours une étrange brûlure au creux de sa main droite.

« Tu es une enfant trouvée, disait la maman à Jujube quand elle était toute petite. Tu es le fruit d'un viol... » Le viol, se demandait la petite fille, qu'est-ce que c'est que cet arbre ?

« Tu n'es pas ma fille, je t'ai achetée à des romanichels. »

Coups de couteau dans le cœur de l'enfant qui cherche à comprendre où est la vérité. Douleur sournoise, questions non formulées, lourdes, terribles. Qui donnent naissance à cette pieuvre qui grandit au cours des années et vous étouffe le cœur.

« Vous plaisantiez peut-être, mais vous aviez le ton de la réalité de vos sentiments à mon égard. Je le sais, j'en suis sûre. Vous ne m'avez jamais aimée. » Saloperie de mémoire, se répète Jujube, comme si ces mots-là ne pouvaient pas crever, bulles nauséabondes. Non.

Découverte de la Résistance. La maison éventrée. Le nouveau gibier de quelques chasseurs français. Jujube et le bijoutier.

Depuis plusieurs semaines les passages des silencieux et transparents invités deviennent de plus en plus fréquents et de plus en plus rapides. Jujube a à peine le temps de les entrevoir. La maman fait de fréquentes randonnées nocturnes et solitaires, le porte-bagages de sa bicyclette chargé d'un panier d'osier à couvercle. Que peut-elle bien transporter ? La maman n'est jamais de retour ces nuits-là avant le petit jour. Jujube finit par comprendre, ramassant des mots laissés, tombés par hasard près d'elle, et que patiemment elle a assemblés. La maman fait partie de la Résistance. Elle ravitaille le maquis. Jujube l'a entendue écouter les émissions brouillées de la radio anglaise, celles où l'on envoie des messages étranges comme certains poèmes.

Venera, la jolie servante espagnole, la femme formidable qui tient la maison, continue de chantonner que « la vie est belle et que les cailloux sont en fleurrrr ». Elle fait celle qui ne voit rien. Elle restera proche et amie fidèle de la maman durant toute sa vie. Son mari et sa fille de même. Ils seront le seul lien la rattachant au souvenir du bonheur mort qui pourrit la mémoire et le cœur.

Les visiteurs muets s'arrêtent dans la maison pour essayer de passer en Espagne et rejoindre un certain de Gaulle qui a fait une armée française nouvelle en Angleterre. Les mots espoir, victoire, alliés, libération, sont murmurés comme des prières.

Jujube et sa sœur vont en classe à Bergerac, et à bicyclette naturellement. Elles pourraient prendre un car mais les cours finissent presque toujours trop tard, comme ce jour-là. Elles roulent joyeusement pendant les vingt kilomètres qui les séparent de la maison et arrivent devant la grille qui, contrairement aux habitudes, est grande ouverte. Elles la referment en grognant et remontent l'allée des Mûriers en poussant d'une main leur moyen de locomotion. Elles ont faim et se dépêchent mais un autre détail les surprend : toutes les portes de la maison sont ouvertes elles aussi. Elles font le tour par la cour pour aller directement à la cuisine et entrent. Un désordre indescriptible les attend. Partout, dans toutes les pièces, les meubles ont été vidés, les tiroirs retournés, les matelas éventrés, les rideaux arrachés, les serrures forcées. Les enfants se précipitent dans chacune des pièces de la maison en appelant. Personne ne répondra. Les Allemands sont venus pour arrêter la maman et ont pris la copine de la maman aussi. Ils ont tout dévasté, déchiré les photos qui jonchent le sol, souillé le souvenir.

La sœur de Jujube, effondrée, s'est assise sur le lit de la maman. Ni l'une ni l'autre ne pleurent. Jujube décide de chercher ce qui peut bien rester de son enfance dans ce lieu de cauchemar. Elle fonctionne à une vitesse fabuleuse. Le tiroir de la table de nuit de la maman est resté fermé, normal. Il prend une énorme importance au milieu de ce chaos. Jujube l'ouvre, le bracelet d'or de la maman est là, celui qui est lourd et qu'elle aime porter à son poignet gauche. Dans une pochette de daim, le sautoir de la grand-mère et son face-à-main reposent, inconscients. Quelques billets de banque aussi. Où est la barrette de diamants ? Vendue sans doute. Jujube cherche, cherche partout un petit bout de son enfance, il ne reste que le sautoir de sa grand-mère et le face-à-main aveugle de ses verres. Elle le fourre dans sa poche avec la gourmette et les billets de banque.

Sa sœur est partie pour le couvent voisin, où règne la mère supérieure bavarde, afin de connaître la vérité sur les événements. Elle retrouve Jujube assise par terre dans la cuisine, une pomme à la main qu'elle semble avoir oubliée. Sa sœur regarde Jujube la voleuse, Jujube la rapide, Jujube la silencieuse. Jujube la petite, celle qui tôt ou tard pourrait bien se mettre à parler. Elle devient inquiétante, imprévue. Sa sœur lui apprend que la maman et sa copine ont été menées en voiture par les autorités allemandes à la Kommandantur de Périgueux.

Les filles inventent une valise pour leur mère. Elles cherchent un manteau, des bas, des dessous de laine et des chandails bien chauds. Elles forcent la cachette des conserves et des biscuits et ajoutent ce qu'elles peuvent faire entrer dans la valise déjà trop lourde. Elles ont oublié d'être gourmandes et ne touchent à rien, ne volent rien pour elles.

Traînant l'énorme valise, elles prennent le train, couvant leur trésor des yeux. Elles se retrouvent épuisées à la Kommandantur, devant le général commandant la place. Dans son bureau. Elles y déposent le précieux chargement avec dévotion et mille recommandations. Horriblement gênées, elles se dépêchent de sortir de cet endroit étouffant et glacé à la fois.

Dehors, la panique les gagne, elles se retournent, quelqu'un les suit. La course commence. Elles se jettent comme des folles dans les rues descendant vers le fleuve, le souffle de plus en plus court, la peur de plus en plus présente. Elles se collent contre les murs, dans les encoignures des portes, sous les voûtes et, finalement, croyant avoir semé le suiveur, elles atteignent la gare. Elles se croient libres. Elles se regardent fièrement l'une l'autre, sûres d'avoir dérouté l'ennemi. L'ennemi, lui, rigole sans bruit et les piégera le moment venu, il croit avoir le temps. Son temps sera plus court que le souffle de ces deux enfants affolées, terrorisées par cette poursuite en forme de chasse à courre sans chiens. Les chasseurs sont français, cela Jujube ne l'oubliera jamais.

La sœur de Jujube a des amis à Paris que Jujube n'avait jamais rencontrés, et le langage qu'ils parlent entre eux est nouveau pour elle. Elle comprend qu'il n'est pas de mise de poser la plus petite question et se tait comme à son habitude, confortablement. Au bout de trois jours elles n'ont plus un sou et se dirigent vers l'avenue de l'Opéra, cet Opéra cher au cœur de Jujube, la danseuse de la classe rose de Mlle Cesbron, la Jujube qui devait s'effacer le long du mur en faisant la révérence quand M. Lifar, coiffé de son béret basque, empruntait le même couloir qu'elle, la Jujube qui tremblait au bruit des talons rageurs de M. Aveline sur le marbre.

L'avenue de l'Opéra est presque vide mainte-

nant. Elles s'arrêtent devant les vitrines des bijou-
tiers et cherchent celui auquel elles vont vendre le
sautoir de la grand-mère. Leur choix fait, elles
entrent et la sœur de Jujube commence à négocier.
L'homme est seul dans le magasin et semble
pressé d'en finir. Il pèse l'objet et se retire dans
son arrière-boutique pour y chercher l'argent. La
sœur de Jujube est triste en recevant les billets de
banque et baisse la tête en sortant. Dehors, Jujube
lui demande de presser le pas sans courir et sa
sœur la regarde sans comprendre. Jujube sort sa
main de sa poche et montre le sautoir « récupéré »
à sa sœur dont les yeux s'écarquillent, s'arrondis-
sent et se mettent à luire comme des billes de
verre. Elles accélèrent follement la cadence sans
un mot mais curieusement souriantes. Jujube se
sent parfaitement à l'aise et dans son bon droit, en
accord avec sa moralité très particulière. Sa sœur
ne fera aucun commentaire et elles entreront dans
une boulangerie qui vend des sablés infâmes,
n'ayant jamais si bien porté leur nom tant ils
crissent sous la dent mais dont la vertu principale
est d'être vendus sans tickets, et elles les mangeront sans remords. Les trois jours passés dans leur
hôtel sinistre seront payés ainsi qu'une nuit
d'avance exigée par le propriétaire crasseux et
méfiant.

Elles ne savent pas encore que ce sera la
dernière. Dans cet endroit du moins.

Jujube se pose la grande question.
Pourquoi faudrait-il tout dire ?
Est-ce si utile ?
Et à qui ?
Pour qui ?

Un tout seul qui rêve celle qu'il croit être moi ?

Ce moi n'est connu que de moi-même et je ne le livrerai jamais tout à fait. Peut-être pas du tout.

Qui peut bien vouloir de moi ?

De celle qui est moi ?

Personne dans la mesure où personne ne me sait.

Je fuis les questions, la question. Celle formulée par les autres.

J'ai le dégoût de certains mots fouisseurs qui me frôlent physiquement.

L'interrogatoire... Il est tissé de ces mots-là, de ce matériau puant. Pourtant il me faut te parler, t'écrire, puisque personne ne peut le faire pour moi et je refuse que l'on me touche quand je serai morte. Alors voilà.

Dans le train que nous avions pris à Périgueux et qui nous semblait providentiel il y avait un homme que nous n'avons pas remarqué tout de suite. Il était blême, sans expression, et nous l'avons retrouvé les jours suivants dans le métro, au café, dans la rue, devant la porte de notre minable hôtel, partout où nous allions. Il était présent sans paraître nous voir. A l'heure du déjeuner, un certain jour de septembre, j'avais rendez-vous avec ma sœur au Pam Pam près de la Madeleine. J'attendais là quand soudain une voiture a freiné dans un bruit épouvantable, bruit incongru car fort peu de voitures circulaient dans les rues à cette époque. Comme tout le monde, je regarde et je vois trois hommes pousser une jeune fille qui résiste autant qu'elle le peut. Ils essayent de la faire entrer de force par la portière arrière de ce maudit véhicule noir. La jeune fille, c'est ma sœur.

Jamais de la vie je ne courrai plus aussi vite. Je frappe avec tant de force contre les vitres que l'un des hommes sort et me fait monter à côté de lui. Nous sommes trop serrés. L'homme me prend en riant sur ses genoux. Ma sœur est pâle, elle souffre de me voir humiliée. Mon grand sac rouge rectangulaire en pur carton et fibranne me blesse la jambe avec l'un de ses angles. Je regarde sur le plancher de la voiture et je vois le sac de ma sœur. Il est arrondi par quelque chose d'anormal. Papiers importants ? Objet ? Prétextant une douleur en fait réelle, je me place dans une position qui me permet de voir ma sœur et ce faisant je m'entends dire cette phrase incroyable : « C'est très amusant, cette promenade en voiture, où allons-nous ? Il y a des mois que cela ne m'était arrivé et me faisait envie. » Dans le même temps je farfouille vers mes pieds et attrape la bandoulière du sac de ma sœur en la tirant légèrement vers moi. En sortant ce sera plus facile pour opérer le changement.

Ma sœur me fixe de ses yeux jaunes comme si j'avais perdu la raison. Faux. Nous nous arrêtons devant un superbe hôtel particulier dans l'avenue Foch. Les hommes nous font sortir de la voiture sans ménagement et nous passent les menottes, les mains jointes dans le dos. Ma sœur me jette un dernier regard sans larmes, nous n'avons pas envie de pleurer. Nous nous aimons comme jamais. Ce sera notre force. Nous voulons vaincre.

Nous ne vaincrons que bien plus tard, avec ceux qui souffrent déjà mort et passion dans leur cœur et dans leur corps, mais cela je l'ignore encore. Je suis petite et une fois de plus seule. On nous sépare et je me retrouve dans un bureau. Une jeune femme tape à la machine. Elle lève à peine les yeux sur moi et du menton désigne une chaise au soldat à qui on m'a jetée en même temps que des ordres. Il pose le sac à côté de moi. Je m'assieds tant bien que mal sous le regard attentif du soldat qui s'est planté devant la porte. La jeune femme a sorti une pomme de son tiroir. J'ai faim. Elle me regarde sans sourire et pousse le fruit dans ma direction, mais je n'ai aucune réaction. Mes yeux sont tournés vers l'intérieur de ma tête. Comment me débarrasser de ce que je sens être un danger, de cette forme qui est là, à mes pieds dans ce sac ?

Mes mains sont en prison. Je ne peux pas lever le doigt pour demander à sortir. Je choisis la chose la plus simple, le comportement de l'écolière, le rapport maître à élève : « Madame, j'ai mal au ventre. Je peux sortir ? » Les mots sont si habituels qu'elle se prend pour le maître. « Détachez-la. » Le soldat me libère les poignets et me conduit à une porte qui donne dans la pièce et qu'il laisse ouverte sur moi, debout dans de superbes cabinets.

Pour accéder au trône, deux marches de bois ciré, comme chez ma tante à Bordeaux. Les murs sont en céramique décorée dans le plus pur style 1900 et, sur les vitraux de la fenêtre qui laissent passer une douce lumière, une dame souriante règne sur un jardin fou de fleurs. Je vois mais je m'en fous. J'attaque sournoisement, la voix plaintive : « Madame, s'il vous plaît, est-ce que je peux fermer la porte ? » La réponse passe au-dessus du crépitement de la machine : « Pas à clef, et faites vite. » Et comment !

Je relève la manche de ma veste en raphia en faisant glisser dans le même mouvement celle de

ma robe bleu marine et j'ouvre le sac. A l'intérieur, il y a une épaisse liasse de papiers roulés
serré par un élastique. Je déroule et transforme le
tout en confettis, enfonce le plus loin possible mon
bras dans la lunette et baisse mes manches trem-
pées. La porte s'ouvre à l'instant où je tire la
chasse d'eau. Je me retourne et amorce une
difficile descente. Mes jambes sont molles et peu
sûres. Moi si. J'ai fait ce que je voulais faire. C'est
fini. La jeune femme est partie. Je resterai seule
avec le soldat vert pendant des heures. Tiens, j'ai
peur. J'entends des ordres hurlés quand une porte
s'ouvre sur l'escalier, des gens qui tombent et se
plaignent doucement, des cris étouffés qui passent
à travers la cloison. J'ai froid. La porte s'entre-
bâille, le soldat vert se met au garde-à-vous et me
fait signe de le suivre. Nous entrons dans la pièce
voisine et il me laisse, refermant la porte derrière
lui.

Il est là, lui, le blême, le suiveur sans regard de
ces derniers jours. Il est chez lui, détendu, assis
sur le rebord d'une longue table, vêtu de son
costume bleu canard des dimanches, je présume.
Il parle. « Votre carte d'identité n'est pas en règle.
Votre nom ? »

Je donne mon nom. « Vous mentez. Votre carte
a été falsifiée. »

Je ris car tout cela est si bête que la gravité de la
situation se transforme en farce de mauvais goût à
mes yeux, et je me prends à croire que tout va
s'arranger. Une énorme paire de claques me
réveille et la sainte colère m'aveugle. De quel droit
cet homme ose-t-il porter la main sur moi, cet
homme qui est français et qui sans doute fait
partie de ceux qui ont arrêté ma mère... De quel
droit ose-t-il me toucher ? Et je fonce sur lui, et le

bruit de la paire de gifles que je lui administre à
mon tour me chatouille délicieusement les oreilles. Il a changé de couleur et sort son revolver qu'il
pose près de lui sur la table. Il se lève et la fête
commence. Je ne sens rien, la colère est trop forte
encore. Dans quelques heures je serai moins
fraîche.

L'eau croupie du jardin de ma petite enfance,
comme elle était douce à ma bouche, à ma langue,
maintenant j'ai mal à l'orgueil, mal à la bouche
que fait saigner cette ordure. Il ne faut pas lui
montrer l'ombre du désarroi, il n'y a pas droit. Je
ne sais si j'y suis parvenue, mais j'ai essayé de
toutes mes forces d'enfant.

Je cherche encore aujourd'hui cet homme. Je ne
lui souhaite pas d'être encore en vie. Je crois que
ma sœur a eu à supporter de lui l'insupportable.
Je ne lui pardonnerai jamais. J'ai peur quand la
peur dans le cauchemar du souvenir me réveille
en plein sommeil, j'ai peur d'être capable de tuer.
Je me le pardonne seulement parce que je fais
semblant de ne pas y croire, mais si c'était vrai, si
la haine était en moi seulement endormie, mais
pour un certain bruit de pas prête à se réveiller ?
Je ne veux pas y croire, je ne veux pas croire que
tout cela pourrait recommencer, et pourtant...

Comme la torture a progressé ! Combien ces
raffinements sont devenus discrets, presque
impossibles à prouver, combien l'horreur est quotidienne compagne de nos lectures journalistiques
du matin ou du soir avant de nous mettre les pieds
sous la table ou de nous endormir, sans remords
pour la plupart d'entre nous. Nous ne voulons pas
faire face, c'est loin tout ça et ne nous regarde pas
vraiment... Prenons garde. Je sais que moi je me
battrai jusqu'à mon dernier jour pour le bonheur,

contre la terreur, le terrorisme intellectuel, l'indifférence et la privation du seul trésor qu'il nous faille préserver à tout prix : la liberté d'exister comme nous le désirons, de penser, de rire, de donner, d'échanger et d'aimer sans contrainte ce que nous aimons et ceux que nous aimons.

Il m'arrive d'éclater de rire dans un endroit public. Les gens se retournent sur moi comme si j'avais commis un attentat à la pudeur. Bien sûr, je ris comme je crie, mais de là à être regardée comme un objet de scandale il y a une distance trop grande pour moi et je ne veux la franchir en aucune façon. Je veux rester cet animal sauvage et un peu trop solitaire peut-être, mais ils ont planté les piquets et tendu les fils invisibles qui nous séparent.

Pour l'instant, tout est atrocement concret. Le blême s'acharne sur moi. J'entrevois des signes de lassitude sur sa sale gueule, je commence à espérer. Visiblement, ça ne l'amuse plus... Un dernier coup de poing sans conviction et il sort, me laissant par terre comme une serpillière trempée. Je m'endors comme tous les enfants qui ont du chagrin. Il fait presque nuit quand un autre soldat vert vient pour me faire sortir et rejoindre d'autres femmes dans l'entrée. J'entrevois ma sœur, elle marche avec peine.

Nous sortons, dans la rue une voiture cellulaire nous attend, la porte arrière ouverte et les marches descendues. Chacune des femmes qui sort de l'hôtel particulier se traîne plus ou moins. On nous a attachées deux par deux et on nous détachera pour nous enfermer une par une dans un casier de métal agrémenté d'un petit banc de même froideur. Avant de monter ma sœur fait un effort pour tourner la tête vers moi.

Seule dans mon casier de fer j'écarquille les
yeux dans l'ombre. Par quelques fentes minuscules passent les lumières de la fin de ce jour de
septembre 1943. Nous roulons plus d'une heure.
Un fracas de portes qui s'ouvrent, des ordres qui
ressemblent à des cris de colère, un fracas de
portes qui se referment, un silence et le bruit sec
de la porte de notre voiture qui s'ouvre, suivi de
celui de la clef qui libère les casiers les uns après
les autres. Le contenu en sort sous bonne garde et
je vois une cour triste cernée par de hauts murs. Je
murmure : « Où sommes-nous ?

— A Fresnes », glisse la femme qui me précède.

Nous sommes dirigées vers des bureaux jaunâ-
tres où on nous demande de déposer tous les
objets restés en notre possession sur un comptoir
derrière lequel se tiennent des policiers payés
pour enfourner dans un sac de papier le trésor de
chacune d'entre nous. Ils écrivent dessus notre
nom et on « passe à la fouille ». Dans une petite
pièce se tiennent deux femmes qui portent une
blouse blanche sur leur uniforme gris. « Enlevez
vos vêtements, allez, vite. »

Jujube est nue. L'exploration ignoble, avilis-
sante commence. Du plus secret de Jujube l'une
des deux femmes retirera son doigt de flic plein de
sang. Jujuge frissonne de haine et de dégoût. Elle
rentre dans ses vêtements très doucement, comme
si elle se préparait à bondir. Les fliquesses grises
le sentent et aboient au gardien d'entrer.

Au bout d'une dizaine de mètres sur des passe-
relles de métal, des couloirs aux portes genre
cyclope aveugle. L'homme la pousse dans une
cellule ouverte et elle entend le bruit du verrou.
Elle se retourne, elle est seule devant une planche
de bois scellée dans le mur et sur laquelle est

posée une couverture soigneusement pliée. Rien
d'autre. La pièce est très haute et une ampoule
électrique pend lamentablement du plafond.
Jujube tout là-haut croit voir une sorte de soupi-
rail. Inaccessible. Elle se couche sur la planche et
regarde la porte. L'œil du gardien qui se colle au
trou destiné à cet effet la fascine. Depuis trois
jours la lumière est restée, jaune pâle, sans inter-
ruption. Jujube dormira le reste de sa vie la
lumière allumée.

Ce matin on est venu la chercher et elle rejoint
un groupe de femmes dans lequel avec une joie
immense elle voit sa sœur. Malheureusement,
l'une ira dans la cellule 322 et l'autre dans la
cellule 326. Jujube en entrant interrompt brusquement une discussion animée. Les dames qui
sont là ne sont guère satisfaites de voir arriver une
quatrième personne dans un endroit conçu au
départ pour une seule.

Jujube est gênée et s'instablle dans le coin droit,
près de la porte et en face du trou des cabinets. Le
robinet qui est au-dessus goutte. Le gardien
revient et lui donne une couverture légère qui,
bien que molle, arrive à être sèche, et un morceau
de tissu orange avec des dessins noirs destiné
probablement à sa toilette.

Les dames ne prêtent plus aucune attention à
Jujube. Elles se tirent les cartes. Chaque jour elles
referont les mêmes gestes. C'est toujours la plus
âgée, une grosse blonde, qui prédit l'avenir et
raconte ce qui se passe dehors, à l'extérieur. Ces
dames sont des prostituées. La Gestapo pratique
volontiers le mélange des genres. La sœur de Jujube s'inquiète de savoir si Jujube a faim ou froid.
Elle le lui fait savoir par les voies habituelles :
une femme à la voix forte crie et une autre lui

répond immédiatement, avant que les gardiens puissent repérer d'où vient le message. Non, Jujube ne souffre pas de la faim, mais l'une des dames, qui travaillait dans une boulangerie (elle avait deux métiers), reçoit de ses patrons un colis contenant des biscuits et des cakes odorants. Jujube salive pendant que la dame mange toute seule, ravie, tranquillement. Jujube fulmine au bout de peu de temps et, une nuit, prend une décision. « Quand elles dormiront j'en volerai un petit morceau. » Elle le fera sans remords, à bout de gourmandise et avec le sens très personnel qu'elle a de la justice.

C'est vrai, elle ne souffre pas de la faim. La demi-boule de pain noir dont une tranche à moitié coupée coince un minuscule carré de quelque chose de gras lui suffit. La soupe claire aussi. L'eau noire et chaude que l'on sert à 5 heures du matin lui fait presque plaisir, mais elle découvre l'ennui. Dans l'un des montants de bois de la fenêtre aveugle, un prisonnier a réussi à percer un trou. En y collant bien l'œil on peut voir brouter une chèvre blanche attachée à un piquet et qui lève la tête vers la prison comme si elle voyait à travers les murs. Des milliers de gens ont trouvé une sorte de réconfort à la vue de cet animal qui pourtant, lui non plus, n'était pas libre. Mais elle était hors les murs. Sa longe était, nous pouvons le croire, nous voulions le croire, faite pour la protéger. Contre qui ? A cette époque seuls les loups étaient gras. Jujube regardera pendant des heures l'animal, sans penser.

Elle se sent mal à l'aise à vivre si près de ces dames étranges dont elle ne comprend pas très bien le langage, les propos. Pour passer le temps, elle tire sur les fils de sa couverture et se fabrique une corde à sauter et des papillotes pour friser ses cheveux qui lui cachent la taille.

Un matin il y a un grand branle-bas. C'est le jour de la douche. Descente en vitesse devant un cordon de gardiens ricanants. On se demande la première fois pourquoi. Les portes s'ouvrent, il faut se déshabiller, se laver, se sécher et se rhabiller à une vitesse inhumaine. Jujube se retrouve nue devant tout le monde, sa robe plaquée contre son corps plein de mousse, il lui faut lever les bras pour enfiler les manches. Le son de leur rigolade grasse est atroce. Elle ne pourra plus se déshabiller devant qui que ce soit. Ses trois jours passés dans la cellule des condamnés à mort étaient moins pénibles. Bien sûr, le petit œil du gardien est gênant, et puis l'ampoule au bout de son fil devient obsédante, mais on s'y fait mieux qu'à la promiscuité, après réflexion.

De retour dans la cellule, les dames soudain prennent soin d'elle. Elles la sèchent et lui disent de tendres paroles. Jujube a envie de sourire et elle dit merci. Peu à peu elle comprendra leur manière de s'exprimer, et sans compter le gâteau volé à l'une d'elles, elle leur doit un enseignement précieux : le mac professionnel n'a plus de secrets pour elle. Ces dames lui ont rendu un inestimable service. En quelques semaines, elle a tout appris à l'école supérieure du trottoir. Aujourd'hui, Jujube les remercie du fond du cœur, car qui sait ce qu'elle aurait pu croire et qui ? Enfant perdue et seule au monde.

Vers la fin du mois d'octobre, alors qu'elle rentre de la « promenade », promenade qui consiste à tourner en rond, à une distance respectable l'une de l'autre autour d'une cour étroite cernée par de hauts murs mais à ciel ouvert, ce qui

permet aux détenues de chanter ce qu'elles veulent, faisant ainsi passer des messages avec un
moindre risque de se faire repérer, le gardien ne
lui laisse pas regagner sa cellule. On la fait partir
directement pour l'avenue Foch. Elle ne pourra
prendre aucun message pour l'extérieur si on la
libère. Elle ne sait rien de ce qui l'attend. Elle se
retrouve assise dans l'entrée de l'hôtel particulier
et fixe les bracelets des menottes qui cette fois ne
sont pas dans son dos. Elle suppute. Les événements la sortent de sa méditation. Un nain bossu
fait une entrée théâtrale. Il est dans un état
d'extrême agitation et vocifère : « Vite, vite, les
Juifs de la rue X. vont filer, ça fait assez longtemps
que je vous en parle et que je vous dis qu'ils sont
prêts... » Il trotte dans un bureau et laisse la porte
ouverte. Jujube le regarde signer le papier que lui
tend le Français chargé de ce genre de besogne. Il
reçoit les déclarations des « donneurs ». Le spectacle est monstrueux. Abominablement quotidien.
Jujube sent la sueur lui couler le long du dos et
entre les cuisses. Elle a la nausée et baisse la tête
comme les autres spectateurs impuissants et
honteux.

On appelle Jujube par son nom, elle se lève et
entre dans le bureau où flotte encore l'odeur de
pourriture qu'a apportée avec lui le marchand
d'âmes et de vies. Un autre blême lui tend son sac
de fibranne rouge et lui annonce qu'elle est libre.

Dehors souffle un petit vent glacé. Elle est
fatiguée et ses jambes tremblent plus de peur que
de froid. Elle fait quelques pas, traverse l'avenue
et s'assied sur un banc. Elle a presque seize ans,
des chaussures de raphia à ses pieds gelés, une
veste assortie et une mince robe bleu marine. Elle
grelotte dans l'une des plus belles avenues du

monde, ce monde dans lequel elle se retrouve seule, totalement. Elle ouvre son sac, il est vide. Non, dans une poche plaquée contre la paroi de carton, avec sa carte d'identité, il y a un ticket de métro poinçonné d'un côté. Ticket de première classe, quand même... Jujube sourit et ferme les yeux.

Où aller ? Curieusement jamais elle n'a pensé à ce détail pendant sa détention. La prison avait presque un aspect sécurisant pour la toute jeune fille. Il lui faut maintenant s'assumer pleinement. Elle fait appel à un autre courage qu'elle n'avait jamais utilisé pour ne pas en avoir eu besoin, celui de se faire vivre et d'en trouver le ou les moyens.

La liberté et l'apprentissage du choix. Hélène Duc. Bernard et l'amitié. Alice et ses chaussures. Les pensionnaires d'une bien étrange pension. Une certaine approche du théâtre.

Derrière ses paupières le film se déroule à l'envers. La barbe du grand-père balaie sans bruit jusqu'à temporairement les effacer les humiliations récentes. Dans sa main ouverte sur le vide elle palpe la mémoire du pelage doux d'Oursine et referme ses doigts sur le rectangle du ticket de métro providentiel et concret. La matière de la couverture de ses cahiers d'écolière était de même nature. Le film s'arrête sur une image : Jujube assise dans le fond de la classe au lycée de Bergerac alors qu'elle n'était presque plus petite, ses fesses sur un banc et l'esprit en vadrouille. A peine différente de l'instant présent. Un visage précis revient à sa mémoire, celui de son professeur de français, Hélène Duc, qui est aussi une amie de sa mère.

Jujube se rappelle le quartier et le nom de la rue où habite la jeune femme : Saint-Sulpice, rue Servandoni. Son voyage unique est choisi.

Hélène Duc a un grand moment de surprise en voyant arriver dans la pension de famille où elle vit la petite fille sans bagages. Mais elle comprend tout, Hélène Duc, et installe Jujube dans une chambre, sans faire de commentaires inutiles,

puis écrit immédiatement au notaire de la famille
de Jujube afin d'obtenir de lui qu'il verse le
montant correspondant à sa pension.

La propriétaire des lieux est une personne qui
semble avoir été composée à l'aide d'un jeu de
boules usagées. Celle qui lui sert de tête est
couronnée à longueur de journée de tortillons
plats retenus par des épingles neige assorties à ce
qui lui reste de cheveux. Celle qui lui sert de corps
est enveloppée dans un déshabillé sans ceinture
retenu en place par les deux minuscules boules-
mains plaquées sur la bordure de « cygne
épuisé ». Les boules-pieds sont chaussées de
mules ornées du même cygne, celui-là expirant.
Quand elle croise Jujube dans l'escalier, elle la
fixe au moyen de ses billes sans cils et jamais ne
lui adresse la parole.

Jujube guette le moment où la porte de la
chambre de son hôtesse est ouverte car c'est un
endroit très particulier. C'est une pièce-lit entièrement encombrée de coussins-poupées fabriqués
dans des tissus lamés, or, argent. Certains ont des
chapeaux à plumes, des éventails, mais sont des
coussins-poupées-troncs, d'autres ont des pieds,
peints en forme de chaussures. C'est un mélange
de cour des miracles et des coulisses du Casino de
Paris, un endroit unique où l'on jouerait la même
revue depuis 1925 sans un jour de relâche. La
clientèle de la pension de famille est étrange elle
aussi.

Au rez-de-chaussée, dans un renfoncement, il y a
un piano droit et, assis sur le tabouret du piano,

souvent joue un monsieur chauve. Il est courtois et
plein de charme, comédien et marionnettiste de
grand talent. O'Brady. Il aime bien la voix grave
de Jujube et voudrait la faire travailler mais
Jujube est timide et elle n'ose pas. Alors elle
disparaît le plus souvent possible, se privant de
séances de marionnettes qu'elle adore. O'Brady
met sur son index une petite tête de bois mâle ou
femelle et, avec le pouce et le majeur, il invente les
bras. Les histoires qu'il fait interpréter à ses
personnages ont l'accent hongrois. Délicieusement. Et pour cause.

Au premier étage vit une dame âgée dont les
cheveux sages sont roux et les mains blanches.
Elle parle peu et doucement. Elle a dédié sa vie à
la recherche d'un remède contre la lèpre afin de
soulager ou guérir peut-être un jour les lépreux.
Le mot impressionne Jujube et elle regarde
curieusement la dame qui est toujours seule à
table.

Dans le fond du couloir du premier étage, il y a
un étudiant en médecine. Il est breton et reçoit des
colis de victuailles qu'il ne partage avec personne.
Il partagera pourtant sans le vouloir car Jujube a
décidé de le punir. Un matin où le coupable est
parti pour la faculté, elle prend la clef de sa
chambre accrochée au tableau, ouvre sa porte et
parvenue dans la place trouve un panier où
reposent les charcuteries de l'égoïste. Elle coupe
un morceau de saucisson, un de pâté et, après un
instant de réflexion s'empare aussi d'un paquet de
beurre. Tranquillement, elle redescend l'escalier
et remet la clef à sa place. Revenue dans sa
chambre elle lance des invitations. Hélène Duc
gronde mais Jujube est satisfaite et l'étudiant fait
un scandale. Elle rit.

Dans un tournant de l'escalier qui mène au second étage, à l'intérieur de ce qui a dû être un placard, dort M. Gomez. Il est toujours vêtu de noir et ne porte que des chemises blanches. Ses activités sont inconnues de tous et sa coiffure l'exacte réplique de celle de Carlos Gardel.

Royal et impeccable, il sort de son placard chaque jour vers 5 heures du soir et ne reparaît que le lendemain à la même place et dans le même costume, comme s'il n'en avait jamais bougé, phénomène tenant de l'apparition miraculeuse.

A l'étage au-dessus il y a des gens de passage et le minuscule appartement d'un couple superbe, les Fourcade. Ils reçoivent souvent deux visiteurs charmants. L'un est un ange bondissant et rieur qui monte les marches quatre à quatre comme un enfant et se nomme Gérard Philipe ; l'autre, qui paraît sage, se nomme Jacques S., scénariste déjà célèbre, travaillant avec Pierre Bost et Jean Aurenche. Déjà ou plus tard, mais pour le mieux-être du cinéma français.

Au dernier étage, il y a Hélène Duc qui reçoit ses camarades du théâtre de l'Odéon tout proche et d'autres comédiens et écrivains de théâtre comme Jean Marsan, qui finira par venir habiter la pension, Pierre Risch, qui fabrique des masques terrifiants et monte des spectacles, et qui prendra la voleuse Jujube en amitié, Jean Serge, qui occupe lui aussi une chambre proche de celle d'Hélène, et l'admirable Yvette Étiévant, silencieuse et attentive, humaine. Yvette s'inquiète de la sauvage jeune fille qui semble ne faire que des bêtises et qui n'a rien à se mettre sur le dos. Elle lui parle et Jujube lui répond. Elle lui confiera son amour pour le métier d'actrice et Yvette lui conseillera d'essayer de passer le concours d'entrée au Conservatoire.

C'est dans le manteau et la jupe bleu marine d'Yvette Étiévant que Jujube jouera Hermione devant un jury sévère et dubitatif qui ne la recevra pas dans son auguste maison. Mme Dussane écrira en guise de commentaire devant le nom de la postulante paralysée par le trac : « Chiot de trois mois à suivre. »

L'enfant refusée apprenant sa défaite baisse la tête, profondément déçue et attristée. Consciente du danger que représente cette forme d'échec pour Jujube, Hélène la présente à Solange Sicard qui, après une audition, accepte de donner des cours gratuits à Jujube. Elle lui trouve du talent et a la certitude d'être largement remboursée plus tard. Jujube folle de bonheur se met au travail avec passion.

Deux frères partagent la chambre voisine de celle de Jujube. L'aîné fait ses études d'architecture et le cadet est aux Beaux-Arts pour devenir le peintre qu'il est aujourd'hui, Bernard Quentin. Bernard a les yeux de l'amour tendre pour Jujube et ils sont souvent ensemble. Quentin est long et mince, et ses cheveux de cuivre rouge de même que ses silences et ses rires d'enfant enchantent Jujube. Il a un talent fou et elle le regarde peindre, des heures, fascinée. Il fera un portrait secret d'elle alors qu'endormie sur son lit elle ne se doute de rien.

Jujube dort beaucoup en cet hiver 1943 particulièrement rigoureux. Elle reste pelotonnée sous une couverture dans sa chambre ou dans celle de Bernard. Elle ne peut pas sortir. Ses chaussures de raphia ont rendu l'âme et elle ne possède ni

manteau ni chandail. Comme une misérable mar-
motte elle attend le retour des beaux jours. Bernard se rend compte des raisons profondes de la
paresse de Jujube et lui offre l'un de ses costumes,
une chemise et un chandail. Ravie, elle accepte et
saute dans ses nouveaux vêtements. Ils sont fort
vastes et, pour ne pas trébucher, elle doit rouler le
bas des pantalons. Elle doit aussi prendre l'habitude de fermer sa veste du bon mauvais côté. Son
déguisement couleur marron lui plaît et elle finit
par se sentir très à l'aise à l'intérieur de l'odeur et
de la chaleur de l'autre, celui qui protège, celui
qui sait aimer. Elle comprendra plus tard que les
odeurs dites mauvaises ne se dégagent que des
êtres que l'on refuse.

Après des siècles de malédiction on a soudain
décidé de protéger ceux que l'on avait coutume de
considérer comme étant des « puants ». Fouines,
hermines, putois, Nègres, Arabes, Indiens, etc., et
« Que dire des Juifs, ma pauvre Merdiane »...
Jujube revoit les pieds minuscules de sa grand-
mère catholique posés sur le petit banc de tapisserie. Elle se croit un instant cachée derrière la
bergère.

« Savez-vous que ces gens racontent que nous,
les Blancs, nous dégageons un parfum de cada-
vre ? » Est-ce la vérité ? Peut-être.

Jujube revenue sur terre regarde ses pieds. Ils
sont toujours chaussés de raphia mort. Tant pis.
Elle peut malgré tout remettre enfin le nez dehors.

Le lendemain il pleut, et justement Hélène
choisit ce jour-là pour décider d'emmener sa
protégée rue de l'Université où habitent deux de
ses amies. Elle désire leur présenter la jeune fille.

Les pieds de Jujube clapotent dans le raphia qui

gonfle joyeusement dans les flaques. Elle laisse
des traces de son passage sur le tapis de l'escalier
comme celles d'un chien quand il revient de la
chasse. Hélène frappe à une porte qui s'ouvre sur
une splendide créature que l'on dit Éthiopienne,
suivie de près par une autre que l'on dit Turque.
Alice Sapritch. Tout cela semble le comble de
l'exotisme à Jujube. La première n'exerce aucun
métier en dehors de celui, évident, d'être belle. La
seconde est comédienne. Jujube se rend compte
qu'elle a les yeux ronds comme des soucoupes et
les baisse, tâchant de leur rendre leur forme
originale.

Elle sent le regard des deux jeunes femmes sur
elle. Elles lui parlent, sans obtenir de réponse.
Alice avise les pieds de la muette et reste songeuse
devant le spectacle humide et un peu clownesque.
Elle se dirige vers un placard sans prononcer une
parole, l'ouvre et en sort une paire de chaussures à
semelles de crêpe, presque neuves. A cette époque
cela représente une forte somme d'argent. Elle les
tend à Jujube affreusement gênée. Hélène remercie. Jujube redescendant l'escalier son trésor à la
main se dira que cette femme, quoique chaussant
sûrement deux ou trois pointures au-dessus de la
sienne, lui a rendu un fier service et que, de plus,
elle est généreuse. Elle gardera pour elle une
tendresse particulière mêlée de reconnaissance,
mélange au goût jusqu'à ce jour jamais retrouvé.

Entièrement équipée, Jujube commence à
découvrir le quartier Saint-Germain-des-Prés, ses
rues provinciales, ses cafés dans lesquels elle
voudrait bien pouvoir entrer et s'asseoir.

Dans la rue, les gens se retournent sur elle, un
peu surpris de son accoutrement, mais Jujube,

elle, se sent fière allure. Elle ignore qu'une nouvelle mode vient de naître. En flânant sur les quais
de la Seine, elle rêve qu'un jour elle jouera la
comédie sur une vraie scène à la chaleur irremplaçable des projecteurs. Elle travaille de toutes ses
forces et « passe » chez Solange Sicard des scènes
de tragédie. Elle joue pour les autres élèves Hermione et fait trembler les vitres de l'atelier en
poussant de sa voix grave et forte des rugisse-
ments passionnés. Tout le répertoire classique
sans oublier les dramaturges étrangers.

Solange Sicard qui aime bien son élève réussit à
la faire engager dans la liste des figurants à la
Comédie-Française où l'on monte *Le Soulier de
satin*, de Paul Claudel. Pleine de fierté, elle arrive
au premier rendez-vous (matinal) avec une ving-
taine d'autres jeunes filles et jeunes gens.

Jean-Louis Barrault est là. Debout, légèrement
appuyé sur une jambe, il considère la petite
troupe silencieuse et retenant son souffle. Le cours
commence. Il s'agit de mimer le mouvement des
vagues dans l'un des tableaux du *Soulier de satin*.
Au bout de peu de jours les élèves sont tous
amoureux de leur maître et se donnent un mal de
tempête.

Le jour de la descente sur la scène de la maison
sacrée-sacrée-maison arrive. La troupe, la jambe
molle, fait son entrée et tout se passe bien jusqu'au moment où les machinistes se mettent à
dérouler une gigantesque bâche et recouvrent les
pauvres jeunes vagues de la toile peinte figurant la
mer. Déception. Ils onduleront anonymement en
crevant de chaleur. Dessous. Mais pas n'importe
où ni avec n'importe qui. Ils se consolent devant
un Viandox, échangeant leurs impressions, et le
lendemain repassent la porte de l'entrée des artis-

tes, la tête haute, saluant le concierge comme le ferait un sociétaire. Ils font partie du spectacle. De la Maison.

Lentement, les saisons amènent la Libération de Paris. Dans la rue les balles sifflent, venant des toits. Des hommes courent et se cachent dans les encoignures, sous les porches, une arme à la main. On jette des grenades sur les chars allemands qui quittent la capitale en laissant quelques morts sur leur passage. Les occupants fusillent encore ceux qui se trouvent à leur portée, mais la retraite est commencée. Le grand événement ne tardera plus. Cet instant pour lequel tant d'hommes et de femmes ont souffert, ont subi la plus longue, la plus atroce des agonies pleinement consentie.

Sur l'ombre de leurs corps les chars de la Libération font leur entrée dans un Paris ivre de joie. La foule pleure, sourit, cherche le visage de ses fils. D'autres, profitant de l'instant hors du temps, les salauds-sados-phallos-misos-lâches, frustrés et frustrées, se déchaînent, se libèrent à leur façon. On traque les femmes, on les capture, on les tond, on les enduit de goudron, on les recouvre de plumes et on les jette dans les rues comme un monstrueux troupeau livré à la foule devenue hystérique à la vue de ce misérable spectacle.

On ne peut s'empêcher de penser à ceux qui sans vergogne se sont prêtés, vendus à l'armée allemande, ou simplement ont collaboré à sa victoire espérée. Ces respectables intellectuels. Acteurs. Musiciens. Etc.

Quel extraordinaire et grotesque cortège, digne de Jérôme Bosch et d'Alfred Jarry, si tout ce joli monde avait subi un sort semblable ! Le feu ne purifie pas tout, l'intelligence oui, mais celle avec l'ennemi ?

Jujube décide de s'inscrire aux Jeunesses communistes. Le communisme lui semble être, à cette époque, l'unique moyen de donner un sens à la vie qui lui est offerte. De la justifier. Combattre pour la victoire, pour elle, avec les autres. Pour les autres. Dans sa mémoire, toutes fraîches, les blessures de la torture saignent encore. Le sang versé est rouge. Nos héros sont, ont été ou seront, deviendront, communistes.

Jujube milite et vend *L'Avant-garde.* Elle a trouvé un système de vente efficace. Elle fixe l'acheteur éventuel sans lui laisser une chance de se dérober et lui tend le journal d'un geste qui se veut une réponse alors que le malheureux n'a formulé aucune question. Gêné, il achète le plus souvent. Le but est qu'il le lise.

Jujube écoute parler Pierre Hervé, Pierre Courtade... Elle fait sa préparation militaire dans le bois de Vincennes où d'une voix de stentor elle commande : « Section, halte » ou bien « En avant, marche », sans crainte du ridicule ! Elle apprend aussi à tirer sous le préau d'une cour d'école, rue de Rennes.

Jujube est fervente.

Elle croit.

Elle, si dormeuse, s'oblige à se lever tôt chaque matin depuis des semaines pour aménager de ses propres mains, à l'intérieur d'une librairie de la rue Guénégaud qui appartenait à un collaborateur et lui avait été confisquée en même temps que sa liberté à la libération-épuration de Paris, une permanence pour les Jeunesses communistes du

VIᵉ arrondissement. Elle manie marteau et clous et fouille à ses moments perdus dans ce qui reste de livres échappés au massacre. Elle y découvrira André Gide sous la forme de *La Porte étroite.* Ça lui plaira. Elle ne rendra pas le livre. Ni celui-là ni quelques autres, dont Kierkegaard qui ne lui semble pas développer une philosophie aussi triste, aussi pessimiste de l'existence que l'on dit, ainsi qu'une étude sur sainte Thérèse d'Avila qui l'enchante. Pas maniaque Jujube. Gavée de lecture, se glissant maladroitement dans le monde de la littérature, elle voyage avec Éluard, Aragon, Lorca. La poésie la rassure, l'aide.

La permanence est presque finie. Elle a bien travaillé et elle en est fière. Mais, un jour, viendra à son hôtel un responsable pour lui réclamer ses cotisations impayées depuis des mois. Jorge Semprun. Il réclame aujourd'hui d'autres comptes. Elle entre dans une terrible colère, déchire sa carte et la lui jette au visage. Elle est pauvre. Elle l'insulte. Elle part. Elle marchera jusqu'au soir et se retrouvera rue Saint-Benoît. Sur le trottoir d'en face, Marguerite Duras s'apprête à rentrer chez elle. Jujube traverse et lui fait part de sa colère. Marguerite ne la calmera pas tout à fait, mais elle prendra la peine de lui parler, de l'écouter, de lui répondre. Jujube gardera pour elle comme une sorte d'amour étrange. Chaud.

Jujube a la haine de l'injustice. Elle ne comprendra jamais comment et pourquoi on a osé lui demander de l'argent alors qu'elle marche pieds nus et « finit » les habits des autres, ceux dont ils ne veulent plus. Trente ans après, elle reverra, chez elle, l'homme qui avait commis l'erreur. Elle lui en veut encore et le lui dira. Gaiement. Il croit avoir trouvé une explication à son geste : il était un bon militant et ne faisait que son travail de militant responsable...

Jujube trouve la situation distrayante. L'argent se prend là où il se cache, pas là où il est cruellement absent. Elle continuera quand même de se battre pour eux contre eux, en désaccord parfois total avec certains événements qui la déchirent, ceux qui font que la liberté d'expression est menacée en même temps que la liberté elle-même. Les tortures et les incarcérations staliniennes, les camps. L'humiliation. Elle espérera toujours et, quand elle se sentira presque noyée au fond de l'incertitude et du désespoir, elle cherchera la force de donner un coup de pied au fond de l'eau pour remonter à la surface.

« Les autres, toi, vous êtes Dieu. » Telle est sa conviction. Elle apprendra en lisant *Huis clos* de Jean-Paul Sartre que l'enfer c'est les autres. Elle continuera de croire que, s'il y a notion d'enfer, il y a notion de divin.

Le retour de la sœur. Le retour de la mère et
l'assassinat de l'enfant.

On commence à apprendre ce qui se passait
sous le silence. Les troupes alliées ont découvert
les camps de concentration. Des milliers de gens
tremblent de peur et d'espoir, les leurs sont-ils
encore vivants ?

Chaque jour Jujube se rend à l'hôtel Lutetia.
C'est là qu'arrivent les déportés. L'endroit lui
paraît démesuré, elle ne connaît que les proprié-
tés, les maisons de famille. Les proportions de ces
salles de réceptions maudites, maudites par la
présence de ceux qui les ont occupées ces dernières années, ces proportions lui semblent de mauvais goût. Elle cherche dans cet espace les visages,
les deux visages disparus dans le silence. Le visage
de sa mère, celui de sa sœur.

L'odeur qui flotte au-dessus de ces survivants
est celle de la mort. Fade, écœurante, la même que
celle que Jujube garde dans sa mémoire depuis le
dernier baiser obligatoire donné à son grand-père.
Impossible de reconnaître les siens. Impossible au
nom de ce nivellement par l'humiliation. Femmes
et hommes se confondent, transparents. Asexués.

Un frémissement léger. Une aile de papillon sur
l'épaule la fait se retourner. Ce qui reste de sa

sœur, de son visage, fait luire une lumière de
cierge au milieu de tout ce gris. Aucun son ne sort
de leurs bouches entrouvertes. Jujube entend la
voix de sa mère, tourne la tête et la voit. Elle aussi
est rentrée. « Où est A...? » Elle ne veut que la
personne qu'elle aime. Elle ne pense qu'à elle. Pas
un mot pour la petite idiote.

Jujube commence à mourir. Elle enfonce ses
ongles dans la paume de sa main droite. Celle qui
brûle... Ce qui aurait pu renaître est à cet instant
tué pour la seconde fois. Enterré seul. Jujube ne
suivra jamais en pleurant ses sentiments.

Elle emporte sa sœur dans sa chambre de la rue
Servandoni, au troisième étage. La mère est déjà
loin, encore, comme à l'accoutumée. Jujube ne
veut plus savoir où. Sa sœur monte difficilement
les marches. Dans la rue, en voyant un chien-loup
elle s'est arrêtée. Elle tremblait de tous ses os.
Jujube déborde d'amour. Sa sœur veut se laver.
Elle enlève sa robe rayée. Elle est si maigre nue,
que son triangle bouclé et pudique paraît
immense. Sa peau ne ressemble plus à celle que
Jujube gardait dans sa mémoire, douce et ambrée.
Chaque pore est obstrué par une substance grise.
Elle travaillait dans une poudrerie. Si légère elle
s'envolait avec la presse, pendant comme un
chiffon accroché. Une autre jeune fille, moins
faible, la tirait par les pieds pour la faire redescendre car les inutiles devaient disparaître, crever.
Redescendue de sa potence elle faisait de son
mieux pour avoir l'air d'une vivante. Elle a sur-
vécu, qui sait comment? Jujube bénit la fille
inconnue qui a refait toucher terre aux pieds
élégants, mais oui, très élégants de sa sœur.
Jujube déborde d'amour.

Elle regarde si fort sa sœur qu'elle est sûre de la

réchauffer. Jujube n'a plus de mère. Elle devient maternelle. C'est un peu trop tôt peut-être, mais il faut changer d'âge. Il faut savoir devenir de plus en plus seule. Disponible. Elle a compris. Servir. Apprendre à mourir jusqu'au dernier regard, jusqu'au dernier regret, jusqu'au dernier désir. Pas facile. Tant pis ou tant mieux pour elle, elle a choisi.

La sœur de Jujube rêve d'une baguette de pain ouverte en deux et remplie de beurre et de confiture. Son estomac est devenu trop petit pour contenir autre chose que les délires que provoque la faim. Elle grignote un biscuit durant la nuit, quand le souvenir la réveille.

Elle ne parlera plus jamais de ces deux ans de camp de concentration. Des camps. Elle restera infirme de sa mémoire.

*Comment on se retrouve avec une maman
« officier de marine » et comment on aborde
les poètes vivants après avoir rencontré leurs
œuvres.*

La maman retourne en Dordogne et trouve sa
copine définitivement installée dans leurs meubles. La maman meurtrie repartira seule et ne
reverra jamais ni la femme ni la maison du
souvenir. Elle s'engagera dans la marine comme
d'autres dans la Légion étrangère.

On raconte dans le village que, quand les Allemands sont venus pour arrêter la maman, ils
sortaient du couvent, et que la cornette du sale
oiseau volette de plus en plus souvent dans l'allée
des Mûriers. Jujube avait senti le danger. Elle a un
terrible instinct, presque animal, mais elle ignorait la délation et le détournement d'amitié.

Jujube et sa sœur vivent au rythme des problématiques mandats envoyés d'Indochine par la
maman officier supérieur, et fréquentent le très
intellectuel bar du Pont-Royal. On peut y voir
Jean-Paul Sartre, Simone de Beauvoir, Camus,
etc. Elles y croisent les écrivains de la N.R.F. toute
proche et c'est là que Jujube fait la connaissance

de Maurice Merleau-Ponty qui se prend pour elle d'une grande affection.

L'homme est beau. Son visage buriné, ses yeux vifs et sombres parfois. Son intelligence brillante lui est d'une aide puissante dans ses démarches amoureuses. Il aime la « Femme ». Il le lui dit, il le leur dit de sa jolie voix douce et grave. Elles se laissent prendre dans ses rets tant la lumière de son regard est intense. Il a toujours l'air sincère et sans doute l'est-il. Cela dit, ce bourreau des cœurs a sous sa haute direction la sérieuse revue *Les Temps modernes*. Il est extrêmement proche de Jean-Paul Sartre et de Simone de Beauvoir. Ils affronteront de profonds malentendus avec Camus. Leur belle amitié deviendra un jour muette. Ils n'ont plus rien à se dire. Leur pensée philosophique et politique est par trop divergente. Le déchirement sera douloureux et long. Définitif.

La sœur de Jujube rencontre ailleurs un homme qui lui plaît assez pour qu'elle l'épouse rapidement, et disparaît pour un temps de la vie de Jujube.

Les mandats de la maman n'arrivent plus et Jujube cherche du travail. Elle ne sait rien faire en dehors du théâtre qu'elle est en train d'apprendre et décide de se placer comme femme de chambre. Au couvent et chez sa grand-mère elle a appris à broder, à coudre, à repasser, et croit savoir faire le ménage. Remplie d'espoir, elle va dans un bureau de placement et se présente à la personne qui le dirige. L'accueil est extrêmement froid et le regard de la directrice inquisiteur.

On présente quand même Jujube à deux ou trois « dames » qui n'en reviennent visiblement pas et la dévisagent comme si elles avaient vu le diable. Il faut dire que ce jour-là, croyant bien faire, elle porte son unique robe, dont le jersey moulant ne laisse rien ignorer de ses formes arrondies, et qu'elles sont horriblement choquées par ses bottes de cuir (fruit d'un de ses innombrables larcins). Inconsciente elle a laissé ses cheveux lui balayer la taille et le résultat est qu'elle ne balayera rien du tout chez ces dames du faubourg Saint-Germain. Raté.

Jujube repart, la mine déconfite, et marche jusqu'au Pont-Royal où elle trouve Jean Tardieu. Il lui propose de participer à une série d'émissions poétiques qu'il prépare pour le Club d'essai.

Le Club d'essai est à l'époque une sorte de France Culture. En plus fou. Installé dans un grand hôtel particulier de la rue de l'Université, il garde le parfum de la vie vécue. L'ombre de ses propriétaires demeure et palpite. La maison est vivante. Jean Tardieu abrite sous son crâne tout rond et presque chauve la poésie. Elle ressort par les yeux pour se poser dans les vôtres et y semer une surréaliste certitude tout hérissée de questions. Il fait un travail considérable pour essayer de faire entrer chez chacun le poète et son œuvre. La télévision n'est encore qu'à l'état embryonnaire. C'est à cette occasion qu'elle rencontrera Jean Lescure, Michel Leiris, Guillevic, Maurice Fombeure, et dira leurs poèmes avec amour et dévotion, discutant avec eux de l'interprétation des textes, jusqu'au jour où sans crier gare Henri Michaux arrivera au cours de l'enregistrement de l'un des siens. Indicible. « Baobab »... et Jujube intimidée commence planquée derrière son micro : « Dans le noir, le soir, auto dans la campagne, Baobab baobab... » Le poète n'est pas satisfait et vitupère dans la cabine, puis fait irruption dans le studio. L'inconsciente, piétinant

la célébrité de l'homme auquel elle fait face,
s'empoignant avec lui sur l'interprétation à donner au texte en question, après une courte discussion finit par lui dire : « Monsieur, j'ai le plus
grand respect pour votre œuvre en général, mais,
si en ce qui concerne le cas présent vous n'êtes pas
satisfait de mon interprétation, il ne faut vous en
prendre qu'à vous... Je ne fais que lire et dire ce
que vous avez écrit... » M. Henri Michaux laissera
interpréter son texte à l'insolente en faisant semblant de grogner et après qu'il sera sorti du studio,
les larmes aux yeux, elle ira dans la cabine de son
copain, jeune ingénieur du son, le charmant
Roland Forez, pour tenter d'expliquer son attitude
et surtout chercher son approbation et celle de
Jean Tardieu qui s'amuse visiblement.

C'est Pierre Schaeffer qui, à cette époque, règne
sur les destinées du Club d'essai. Il débouche les
oreilles de ses auditeurs à grands jets de sons
nouveaux, musicaux, étranges, concrets, électro-
niques... L'homme et la technique vivent à l'unis-
son. La recherche est constante. Passion. La présence physique du personnage est étrangement,
doucement insinuante. On sait qu'il sera difficile,
sinon stupide, d'échapper à son charme, sa magie.
P.S. saura s'entourer de ceux qu'il aime et sur
lesquels il sait pouvoir se reposer ou bien plutôt
trouver des raisons nouvelles de rester éveillé.

Maurice Cazeneuve fera partie de ceux-là. Croi-
sant Gréco dans un couloir il lui dira « Bonjour »
sur un ton joyeux et, sans préambule, lui proposera un rôle de tout premier plan dans une
dramatique qu'il va réaliser avec le concours de
Michel Bouquet, Marie-Hélène Dasté, Jean Vilar
qui parle déjà d'une nouvelle forme de théâtre
qu'il voudrait « populaire », François Périer... et

bien d'autres. Une somptueuse distribution pour le roman de Roger Martin du Gard *Les Thibault*. Gréco murmure un « Merci » incertain et secoue fortement la tête en signe d'acceptation. Elle a le bonheur inaudible.

A chaque répétition elle retrouve le visage grave de Michel Bouquet, son talent éblouissant, son intelligence. Elle est heureuse, vivante dans ce studio de la rue de l'Université qui donne sur un grand jardin où Maurice Cazeneuve leur fait jouer les scènes d'extérieur, marchant dans les allées un micro à la main, de fort révolutionnaire façon à l'époque, et c'est le printemps. François Périer fait rire tout le monde. Jujube les aime, elle les admire mais ne leur parle pas. Pas encore. Elle se contente d'écouter.

Maurice Cazeneuve, dans quelques années, deviendra le directeur de l'une de trois chaînes de télévision. Il poursuivra une brillante carrière artistique en dépit des honneurs dont on le couvre et qui glissent sur lui comme la pluie sur une jeune feuille fraîche. Jujube éprouve pour lui une très tendre admiration. Elle n'est certainement pas la seule.

Jujube gagne de quoi vivre et dormir. Elle se sent forte. Elle fait ce qu'elle voulait faire.

La Louisiane. Le miracle des mites. Le Bisson et l'homme de Jujube. Victor ou les enfants au pouvoir.

D'hôtel en hôtel, elle finit par atterrir à La Louisiane, rue de Seine. Elle y croise Michel de Ré, petit-fils du maréchal Gallieni et homme de théâtre. Il veut monter une pièce du poète surréaliste Roger Vitrac, *Victor ou les enfants au pouvoir*. Jujube aurait un rôle.

Dans cet hôtel, chacun a des projets, des insomnies, du génie parfois, mais jamais d'argent.

Le peintre Wols vocifère souvent, enfermé dans sa chambre, et il terrorise tout le monde. Jean Rougeul, lui, écrit sans faire de bruit.

Le propriétaire, M. Alazé, surveille ses locataires par un œil-de-bœuf donnant sur l'escalier, et auquel on ne peut en aucune manière échapper. Peu à peu, les valises de carton bouilli et les objets les plus hétéroclites laissés en gage ont fini par remplir la cave et vider la caisse du malheureux. Il est devenu de ce fait méfiant, et ses clients d'une diabolique ingéniosité.

Jujube, qui avait dû par un jour sombre laisser sa valise à l'hôtel Crystal de la rue Saint-Benoît, se trouve à la tête d'une somme suffisante pour la récupérer. La valise dormait là depuis quelques mois... Jujube, satisfaite bien que délestée, soulève le couvercle pour admirer sa robe bleu marine. Un spectacle atroce l'attendait. Un vol de mites, grasses comme des mouches, s'échappe joyeusement de la valise, emportant les trous béants qu'elle découvre, désespérée, dans ses vêtements.

Elle rentre la tête basse, traînant la valise vide dans l'escalier comme on le ferait d'une bête morte, et cet imbécile de M. Alazé se réjouit du haut de son œil-de-bœuf, constatant qu'enfin elle a des bagages. Jujube, lugubre, s'en va conter la chose à l'un de ses copains. Ils parlent de leurs malheurs communs d'hôtel comme de vieux soldats. Ils évoquent quelques champs de bataille, dont l'un des plus célèbres, Le Bisson, quai des Grands-Augustins.

Une dame très âgée en était la féroce (en dépit de son nom, Bonmartin) patronne. C'est là que Jujube et quelques-uns de ses camarades, tels le séduisant Walter Carone, photographe à *Match,* et un jeune fils de prince arabe dont le père semblait très près de son or noir, avaient appris les premières notions de la stratégie subtile qui fait gagner la guerre de la note, l'objectif étant de ne pas payer.

Soudainement, au milieu de leur conversation, le regard de Jujube s'embrume. Elle se lève et sans explications quitte la chambre de son copain. Elle court retrouver sa solitude.

A l'époque qu'ils viennent d'évoquer, Jujube aimait un homme. Un fantastique coureur automobile, son aîné de plus de vingt ans. Il lui téléphonait des quatre coins du monde où l'envoyaient les courses. A chaque appel de l'étranger, Mme Bonmartin prévenait la jeune fille qui dévalait les six étages comme une bête sauvage et bondissait sur l'appareil. Mme Bonmartin en concevait pour elle une curiosité attendrie bien qu'elle eût un cœur de pierre. Cela la distrayait sans doute de la voir pleurer en disant des fadaises, mots d'amour et promesses... Il était superbe, les cheveux argentés, les yeux immenses et verts, et avait d'admirables mains que Jujube caressait du regard pendant qu'il parlait. Quand il venait la voir, il montait les étages trop vite et se jetait sur le lit en riant, essoufflé, entraînant Jujube avec lui. Elle ne riait pas et passait doucement son index sur le coin des yeux de l'homme, là où il y avait de fines rides, y posait sa bouche et devenait toute froide de peur. De la peur de ne plus le revoir. Et puis elle oubliait. Jamais ils n'abordaient le sujet des courses.

Ils sortaient, ils dansaient, ils bavardaient, ils riaient, ils s'aimaient. Avec lui, Jujube avait des rencontres inhabituelles pour elle. Rubirosa, par exemple, qui était un ami cher à celui qu'elle aimait, mais très cher pour les femmes qui avaient le bonheur de tomber amoureuses de lui. Il disait : « Laide ? cette femme, laide ? Si je vois un billet de banque sur la table de nuit je la trouve belle, il n'y a d'ailleurs pas de femme laide. » Jujube était médusée mais admirative. Ruby était un ami gai et charmant et ses petits yeux noirs pétillaient de malice. Il partageait les secrets. L'homme de Jujube était marié avec une femme jolie. Riche. Jujube ne souffrait pas. Pas de cela. Quand il courait en France, Jujube restait allongée sur son lit, glacée à l'écoute du déroulement des opérations, l'oreille collée à son poste de radio.

Un jour il est mort. Au-delà des mers. Il est mort pour ne pas tuer les autres : deux enfants qui traversaient la piste durant les essais, à l'aube. La

première nuit où ils avaient dormi ensemble,
Jujube avait fait un terrible cauchemar. Il faisait
nuit, des néons brillaient dans une large rue. Elle
marchait nue et désespérée de l'être. Elle pleurait.
J.-P. W. était assis dans sa voiture, le thorax
enfoncé par le volant. Elle avait vu sa mort dans
ses moindres détails et n'avait jamais pu oublier
cette image au cours des années qu'ils passèrent
ensemble. Elle garda le secret de son rêve et
passait son temps à attendre, attendre dans l'angoisse le retour de celui qu'elle aimait.

Elle l'aimait d'amour parfait. Que serait devenu
cet amour avec le temps ? Elle n'en sait rien.
L'image est restée pure. Vivante.

Jujube est partie du Bisson sans se retourner et
sans laisser de dettes. Mme Bonmartin s'est retirée
des affaires, laissant l'hôtel à sa fille et à son
gendre. Ils en ont fait un somptueux lieu de
rencontre pour privilégiés.

A La Louisiane, hôtel déjà célèbre, Jujube
occupe la chambre ronde qui fait le coin de la rue
de Buci, juste au-dessus du marchand de légumes
et à côté de la boucherie chevaline. Elle ne regarde
jamais en rentrant chez elle la tête dorée du
cheval décapité. Elle détourne les yeux et monte
en vitesse dans son repaire, celui-là même que
Jean-Paul Sartre avait loué pendant les années
sombres et qui lui servait aussi de garage pour sa
bicyclette, qui, telle une suspension, se balançait
au plafond.

Le patron de l'hôtel, fier de la célébrité de ses
anciens locataires, avait depuis fait installer une
salle de bains. Jujube laissait la clef en permanence sur la porte afin que les autres puissent

profiter de la baignoire. Cet état de choses provo-
quait des passages inattendus autant qu'intem-
pestifs. A toutes les heures du jour et de la nuit, de
bruyants fantômes épris de propreté traversaient
la chambre en faisant de surcroît craquer le
plancher tout en se confondant en excuses. Il en
restait parfois jusqu'au matin un ou deux sur le
carrelage, propres, béats et endormis.

Michel de Ré a trouvé un théâtre. Bonheur ! Et
pas n'importe quel théâtre, celui d'Agnès Capri, la
Grande. Michel est fou de joie. « Encore une chose
que nous devrons à cette femme à qui déjà nous
devons tant. Nous allons commencer les répétitions et camper dans les loges afin de ne gaspiller
aucun instant. Nous n'avons pas les moyens de
perdre l'argent qu'au demeurant nous ne possé-
dons pas. » Michel est ravi et se met au travail
avec ardeur.

Sandwiches aux amphétamines et au jambon-
beurre au hasard de l'argent de l'un d'entre eux,
travail flambant fou d'espoir, belle mise en scène
de Michel, merveilleuse et perverse Christiane
Lénier, jouant à la perfection avec Michel le rôle
des « enfants », beaux à n'y pas croire, Mylène
Georges, nue dans un maillot transparent couleur
chair et dans une lumière verdâtre, Malkine dans
un uniforme de général d'opérette, Jujube dans le
rôle d'une mère de trente ans et dans une robe de
lendemain de noces de sa grand-mère, sauvée du
désastre on n'a jamais su comment, une Jujube
qui se croyait déjà âgée — elle avait dix-neuf ans !
— et son mari dans la pièce, Ivan Peuck, dans son
veston-chemise de gala. Veston-chemise car, totalement dénué d'argent, son extrême coquetterie

l'avait subtilement poussé à apprendre à coudre dans le seul but de fixer des manchettes empesées au bas de ses manches de veston, ainsi que le plastron d'une chemise hors d'usage qu'il découpait soigneusement et faisait tenir au moyen d'un col dur autour de son cou. Quelques points faits, défaits et refaits, et il établissait le changement, lavant et repassant lui-même. Crevant élégamment de chaleur l'été et frissonnant non moins élégamment l'hiver, il avait su préserver son talent de comédien, en dépit de ces conditions.

Les décors ? Jujube, le matin de la générale, est allée aux Halles pour ramasser des fleurs laissées sur les trottoirs et dans le ruisseau, quelqu'un a apporté de chez ses parents du papier crépon, et tous en chœur ont inventé un papier mural hyper-réaliste avant la lettre. Fort beau. Les meubles furent prêtés par Agnès Capri elle-même.

La troupe et le spectacle obtinrent un succès d'estime qui dura huit jours. Ils avaient tous appris leur métier dans ce qu'il a de plus cruel, l'espoir, et au bout le presque échec. Le délire d'un public « averti » de quelques personnes ne suffisait pas à leur appétit.

Roger Vitrac, gigantesque et tendre, se disait enchanté de l'aventure, lui. Le dernier soir, la petite troupe se sépara tristement et chacun partit de son côté. Jujube resta un instant dans la rue pour regarder l'affiche du spectacle qui venait de rendre son ultime soupir. Arrivée à son nom, Gréco, elle fit une pause. Elle le prononça à haute voix, le trouva beau. Elle était sûre qu'il ne lui ressemblait pas. Maurice Merleau-Ponty arriva sur ces sombres pensées et l'invita à souper. Après ils allèrent à La Canne à sucre retrouver Jean-Pierre Vivet, écrivain et ami, avec qui ils burent du punch et plaisantèrent entre deux danses. Jean-Pierre Vivet ce soir-là partit le premier. Merleau-Ponty resta avec Jujube. Il aimait bien cette silencieuse jeune fille un peu trop ronde, un peu trop grave. Au moment de régler l'addition, il s'aperçut que ses poches étaient vides. Il laissa son briquet d'argent au garçon que le procédé n'étonnait plus depuis longtemps et ils sortirent dans la nuit lumineuse du quartier Montparnasse. Il raccompagna Jujube devant sa porte et s'en retourna vers *Humanisme et Terreur*.

A La Canne à sucre, venaient aussi Claude Mahias, bel indolent qui séduisit un temps Gréco et qui était proche de Pierre Herbart et d'André Gide. Il avait des yeux couleur de prairie au printemps, quand les fleurs commencent à se faire une place dans l'herbe, et il était charmant. Romancier naissant. Jean-Pierre Vivet, lui, était rigoureux. Sérieux. Mais cela ne l'empêchait pas de rire et d'échanger de joyeux propos avec Albert Camus qui, lui non plus, n'engendrait pas la mélancolie. Le rire le plus célèbre du quartier restera sans le moindre doute celui de Raymond Queneau. Énorme, irrésistible, contagieux. A l'image de son langage. Unique. Lui, parle une bonne dizaine de langues. Immense est sa culture, mais plus surprenante encore l'étendue de son talent.

C'est une époque où le rire explose partout, dans les rues, les cafés, les chambres des hôtels du quartier Saint-Germain, enfantin et impudique. Heureux.

Et Jean-Paul Sartre ? Alors... Alors...

La sœur de Jujube en fac à Montpellier avait eu pour professeur Lévi-Strauss. Il avait beaucoup parlé de Sartre avec ses élèves et la sœur aînée avait mis la puce à l'oreille de la cadette. Jujube en était encore à voler les livres défendus. *Voyage au bout de la nuit, La Jument verte*... Elle avait en tête l'image de cette forte femme agenouillée sur le carrelage pour le laver, elle sentait l'odeur du savon qui fait des bulles dans l'eau chaude. Les genoux écartés de la femme... Elle entendait le bruit mou de la serpillière sur le sol lisse. Elle rêvait aussi devant les reproductions des œuvres de Van Gogh et les caressait du bout des doigts.

A son arrivée à Paris, il y eut Élie Faure et son admirable *Histoire de l'art*. Jujube avait lu les dédicaces sur la page de garde, écrites avec amour sans l'ombre d'un doute. Élie Faure était très proche de la femme — mère de la petite sotte. Lui, il aimait bien la petite sotte. Alors, la femme-mère de la petite sotte a fait tirer le portrait de celle qui plaisait au Monsieur. Elle avait une drôle de tête, elle ressemblait à une Crétoise, celle que l'on a baptisée la « Parisienne ». « Elle a un crâne superbe », dit-il, caressant les cheveux de l'enfant. La forme plaisait. Elle a plu à la paume de la main droite du Monsieur et à son œil averti. « Un crâne d'artiste... » La mère aux anges. L'enfant sournoisement ravie allait pouvoir réaliser son rêve, danser. Pouvoir tout dire avec des gestes sans avoir à prononcer une parole.

La forme de son crâne ? Non. La tendresse et le génie libérateur du vieil homme. La petite sotte avait le droit d'entrer à l'Opéra. Quand la femme-mère du petit rat l'emmenait en visite chez Élie Faure, à l'instant où la porte s'ouvrait sur le sombre couloir de l'immense appartement du boulevard Saint-Germain, l'enfant ressentait une profonde émotion. Il était là le Musée imaginaire. Vivant, à l'intérieur des yeux sans pupille des statues sans âge et d'éternelle beauté chaste. Pour cause de distance, inaccessibles à ceux qui n'ont pas l'innocence de croire à l'immortalité.

A chacune de ses visites, la petite sotte leur a donné, comme tous ceux qui aiment, ses yeux vivants, son regard intérieur et ses pupilles noires. Elle a essayé de voler son secret à la pierre. Elle a tenté plus tard de refaire le même chemin à chaque rencontre. Cruel. Souvent. Moins généreux que l'imaginaire de la petite sotte.

L'histoire de l'art a fait rêver Malraux, alors un enfant !

Élie Faure était beau, distant et chaleureux à la fois. Protestant de surcroît. En attendant la fin de leurs conversations secrètes, Jujube allait sur le balcon qui faisait le tour de l'angle de l'immeuble et regardait le jardin de l'église, ses habitués, ses dévotes et puis ses chiens joueurs. Une sorte de calme campagne sans histoires, avec ses deux cafés, Le Flore et Les Deux Magots, sa brasserie, Lipp. Le clocher de son église. On parlait alors avec autant d'intérêt du médecin Mauriac que de son frère l'écrivain.

Dans quelques années Jujube reviendra mais elle aura changé de regard.

Elle aura celui que lui connaît aujourd'hui Merleau-Ponty et qui intrigue l'homme. Pour l'heure, il a décidé de faire découvrir à Jujube Le Bal nègre de la rue Blomet. C'est là que Jujube devait rencontrer son destin.

Anne-Marie Cazalis était assise à la table de Jean-Paul Sartre et de Simone de Beauvoir. Ses cheveux flamboyants et bouclés étaient retenus par un ruban de soie verte. Elle portait une robe moulante de velours noir et jouait l'innocence. Elle l'a toujours jouée, même dans le malheur. Elle est protestante et reste imprégnée de cette éducation particulière qui lui va toujours si bien à l'humour. Elle connaissait les journalistes, les écrivains, les personnalités les plus fascinantes de l'instant. Travaillant avec les uns, babillant avec les autres. Elle regarda Jujube et décida qu'elle était belle. Elle réussit à le faire croire à une impressionnante quantité de gens. Pas à Jujube. Elle décida que Gréco deviendrait célèbre et fit tout pour y parvenir. Elle prit Jujube en charge sans en avoir l'air et doucement Jujube réalisa qu'elle n'était plus seule.

Alexandre Astruc était présent dans la vie d'Anne-Marie. Ce talentueux glouton de pellicule et de savoir rêvait d'Orson Welles et de Shakespeare. Il pensait cinéma, caméra-stylo. Cela dit, il a tourné à cette époque un film en 16 millimètres dont la distribution (bénévole grâce à son charme et à son intelligence) allait de Jean Cocteau à Jean Genet en passant par Christian Bérard, Daniel Gélin, Simone Signoret, François Chalais et sa femme France Roche, Boris Vian, Marc Doelnitz, Jean-Paul Faure, Jujube, et tant d'autres. Les dialogues étaient l'œuvre d'Anne-Marie Cazalis et de Jean Cau. L'ensemble était financé par Anet Badel, le propriétaire du théâtre du Vieux-Colombier. Tout le monde se donnait un mal de chien mais s'amusait énormément.

Anet Badel a enfermé les bobines dans un endroit connu de lui seul et a gardé un total silence sur le sort de cette œuvre que nous espérions tous immortelle. Combien ce serait troublant de revoir aujourd'hui *Ulysse ou les mauvai-*

ses rencontres, revoir vivants ceux qui sont partis pour l'ailleurs. Yvonne Debray, Cocteau, Bérard, Boris et les autres... « Boris ! comme nous nous aimions bien ! »

Un soir, Jujube assistait comme les autres à un sanglant règlement de comptes à la fois physique et verbal entre Gabriel Pommerand, le lettriste et un touriste égaré tremblant de peur sous les « Koublakan » hurlés et vengeurs, quand Boris qui s'amusait fort vint lui parler. Pour la première fois depuis longtemps, la discussion ne traitait pas du sacro-saint dieu du cinéma et l'on pouvait entendre sans participer. Boris lui demanda de venir chez lui le lendemain soir vers 9 heures. Elle ne posa aucune question.

Elle avait l'habitude de se rendre chez lui, là-haut à Montmartre, seule et à pied. Elle montait l'escalier, poussait la porte, et sans dire bonsoir se lovait dans le coin d'un canapé.

La première fois, il avait monologué pendant tout le temps de la visite et la deuxième fois il avait éteint la lumière et réussi à soutirer quelques réponses à Jujube. Il avait trouvé. Les visages et leurs questions la paralysent encore mais aujourd'hui elle contrôle sa peur.

Boris Vian était beau, d'une beauté romantique due à la pâleur extrême de son teint et à son air rêveur. Tout cela cachait aussi une terrible inquiétude. Sous un sourire féroce couvaient les grimaces, la grimace. Il était grand et penchait la tête sur le côté pour vous écouter parler, ou rire ou pleurer. Avec la même gravité que celle qui assombrissait son visage quand il regardait sa trompinette dans le creux de sa main trop blanche.

Jacques Prévert aimait Boris. Il a écrit : « Dans

le train-train de la vie quotidienne, Boris Vian tire
le signal de vacarme et le train-train stoppe en
pleine campagne, en plein ailleurs, en plein Paris.
Et comme il l'a jouée dans les caves, il crie sur les
toits de la vie. Il la crie, et l'écrit telle qu'elle est,
c'est-à-dire comme personne y compris lui-même
ne la connaît. Boris Vian est grand et Saint-
Germain-des-Prés est son prophète : Amen ! »
Comme il avait raison, Prévert !

Boris était un amateur éclairé de jazz et trans-
portait dans sa mémoire une véritable discothè-
que. Il essayera de faire partager ses goûts à ses
amis tout en buvant un verre au 83 de la rue de
Seine, mais il se lassera vite et retournera à
l'écriture. Entre deux livres, il fabrique des spectacles pour les cabarets-théâtres comme L'Échelle
de Jacob ou La Rose rouge.

Curieuse histoire que ce soudain engouement
pour le souterrain. Venait-il de l'habitude prise
durant la guerre à l'occasion des alertes ? du désir
de rester en dehors de la vie, en marge ? des odeurs
du vin oublié et des vieux meubles vermoulus ? du
besoin de créer une sorte de distance entre les
adultes et la jeunesse ? du sentiment réconfortant
de savoir qui trouver à quelle heure et où ? Sans
doute tout cela à la fois et d'autres raisons encore,
comme la peur de la solitude. Une certaine idée du
foyer, de la maison familiale dont on rêve, pleine
de gens choisis et aimés. Pour la plupart, ces
jeunes gens et ces jeunes filles avaient refusé une
société qui leur paraissait véreuse, croulante,
étouffante. Pleine de mollesse sous le carcan imbécile de la bonne, ou soi-disant telle, éducation.
Religieuse ou non. La cave avait une « valeur
refuge » indispensable à leur bonheur. Leur idée
de la liberté.

Après Le Tabou naîtra Le Vieux Colombier, avec l'orchestre de Claude Luter et financé par Anet Badel qui semblait avoir pris goût au très plaisant rôle de mécène. Passant entre les tables, majestueux, la démarche lente et le pas mesuré, l'œil grand ouvert et le regard fixé sur un point mystérieux et invisible au vulgaire client, il avait des airs de prince en exil. Cela dit, rien n'échappait à sa haute surveillance. Il était un homme fort avisé en affaires. Tout avait l'air de lui sourire, les femmes, l'argent. Jusqu'à un certain jour où chacun put lire dans son journal habituel que le bel et généreux homme, poursuivi par les polices réunies pour escroquerie, avait dû décamper vivement sans laisser d'adresse. Il aurait, dit-on, trouvé refuge dans une Suisse quelconque. Il ne laissa à Saint-Germain que des regrets.

La Rose rouge n'était pas une cave. C'était une ancienne brasserie gigantesque. Nico Papatakis l'avait découverte alors qu'elle était fermée pour on ne sait trop quelle raison. Elle était curieusement aménagée dans un sous-sol. Nico reprit le nom de Rose rouge à Féral Benga, longiligne puissant, d'une indélébile et chatoyante couleur noire, ancien danseur du Casino de Paris et partenaire de Mistinguett (qui savait choisir). A l'heure du début du « bourrelet avertisseur de danger de retraite », il avait fondé rue de La Harpe un club-bar dans lequel on dansait bien sûr. Là se retrouvaient les nocturnes solitaires. Nico voulait avec sa compagne Mireille (qui traînait tous les cœurs après elle) fonder sa propre maison. Ils séparèrent la salle en deux parties, érigeant en son milieu une très correcte scène de petit théâtre. Le premier café-théâtre était né.

Les coulisses étaient énormes et de ce fait

servaient de loge commune aux comédiens. Rosy
Varte se maquillait dans l'ancienne cabine télé-
phonique désaffectée, car c'était le seul endroit à
être à peu près bien éclairé. Debout, elle allongeait
ses cils sous la lampe sans abat-jour, se servant de
la minuscule glace de sa boîte de mascara en guise
de miroir. Cela ne l'empêchait pas d'être belle.

. Derrière le bar, seule source d'eau, les Frères
Jacques s'affairaient à diverses activités dont
l'une, au son cristallin, et qui venait quand on
éteignait la salle troubler le silence respectueux
dû au rideau qui vient de se lever sur le spectacle.
La nature parlait... Les commodités se trouvaient
à l'entrée, de l'autre côté, en bas de l'escalier ! Ô
souffrance et frustration ! De toute façon la salle
était si pleine, les gens si serrés sur leurs tabourets
qu'il eût été impossible, sauf à vol d'oiseau, de se
frayer un chemin à travers la faune compacte,
curieuse et attentive qui composait ce public de
choix.

Gréco pense avec une tendresse voilée de tristesse aux cafés-théâtres d'aujourd'hui. Comme ils
étaient beaux ces balbutiements, émouvants. Une
vraie naissance. Les poètes et les écrivains qui
fréquentaient les caves ne s'y sont pas trompés
écrivant spécialement pour la compagnie d'Yves
Robert, pour les Frères Jacques, etc.

Car dès les premières représentations ils étaient
là... Les Frères Jacques, le mime Marceau et la
compagnie d'Yves Robert avec ses comédiens aux
immenses talents : Rosy Varte, Jean-Marie
Amato, Edmond Tamiz, Guy Piéraud, Jacques
Hilling et d'autres, de passage, Michel Piccoli,
Pierre Tchernia... Plateau fabuleux, sans prix.

L'un de leurs grands succès est une adaptation
de *fantomas*, faite par Pierre Kast et Jean-Pierre

Vivet, les amis de Jujube, en collaboration joyeuse avec Boris Vian ! le superbe *Cinémassacre*.

Jujube les admire de loin. Pourtant, elle se voudrait proche de ces jeunes gens, de leur façon d'aborder leur métier avec « passion-folie-respect » pour le public, cet amour de l'idée qu'ils se font de la perfection dans le moindre détail, cette rigueur dans le choix des textes. Oui, c'est bien cela qu'elle voudrait réaliser, mais le peut-elle ? En a-t-elle les moyens et comment concrétiser ce rêve ?

Comment « cette chenille raboteuse et crottée », comme le disait sa sœur quand elles étaient petites et qu'elle voulait enfoncer sa cadette dans son silence, comment parvenir à la transformer pour faire croire qu'elle est devenue un papillon ? Devant l'étendue du désastre et du chemin à parcourir, Jujube a les larmes aux yeux.

Anne-Marie entre dans sa chambre opportunément en babillant et la force à sortir de sa solitude. « Viens, nous allons chez Boris, il y a une petite fête. » Le succès de l'énorme canular *J'irai cracher sur vos tombes* était sans doute à l'origine de ce rassemblement *extra muros*.

Tout ce joli monde germanopratin avait gravi en chantant la colline et l'appartement de Boris fourmillait de ce que les plus grandes maisons d'édition françaises comptaient de meilleur dans leurs catalogues. Jean-Paul Sartre et Simone de Beauvoir, Albert Camus, Maurice Merleau-Ponty, Jacques-Laurent Bost et sa femme Olga, Raymond Queneau et son rire tonnant, Marcello Pagliero tout auréolé de sa gloire et de celle de Rossellini, celle de *Rome, ville ouverte*, Scipion le sourire en coin. Jujube les regarde. Ils sont tous là. Les meilleurs. Ceux qu'elle aime bien à l'abri dans son silence. Ils « parlotent » joyeusement, un verre à la main.

Elle cherche le moyen le plus discret de gagner la sortie, mais l'infâme Boris et son irrésistible sourire sont là, prêts pour le baiser de bienvenue... Elle restera. Boris la prend par la main et la présente à ceux qu'elle ne connaît que pour les avoir lus ou vus, et elle s'installe à l'ombre de Merleau-Ponty pour respirer un moment. Il discute avec René Leibowitz et ils se lieront d'amitié. Il l'invitera à assister à des concerts qui lui plaisent bien ou qu'il dirige, et l'installera au premier rang d'orchestre afin qu'elle puisse « voir la musique de près ».

L'œil de Boris la suit tout au long de la soirée et, vers la fin, ils se retrouveront dans la chambre noire. Jujube racontera, pelotonnée contre lui. Il caressera ses cheveux et son visage. Boris, frère incestueux tendrement aimé.

Anne-Marie, le printemps suivant, n'aura que peu de peine à entraîner Jujube aux cocktails donnés dans les jardins de l'hôtel particulier de la N.R.F., rue de l'Université. Il y avait, dressé dans les salons, un buffet croulant sous les petits fours et les boissons. Le jeu consistait à arriver assez tôt pour pouvoir s'en approcher, en manger et si possible en voler. Pour ce faire (n'est-ce pas, Astruc ? n'est-ce pas, Cau ?) se munir d'un innocent et vénérable cartable plein de vide, distraire les maîtres d'hôtel, et le remplir en gardant l'air absent. Ça a réussi parfois, pour notre plus grande joie.

Les invités de Gaston Gallimard et de sa très digne N.R.F. faisaient souvent oublier le buffet. On ne volait qu'en cas d'extrême urgence, d'ennui. Dans le fracas des souvenirs qui roulent dans la tête de Jujube comme le gravier dans le lit de la rivière, elle peut dire aujourd'hui : « Nous avons rencontré dans ce jardin et dans ces salons les hommes et les femmes qui peuplaient nos pensées. Des écrivains comme Steinbeck, Faulkner, Paulhan, Richard Wright, Raymond Queneau, Jean-Paul Sartre, Simone de Beauvoir, Albert Camus et tous ceux que nous aimions et dont nous découvrions le visage découvert, humain. Ils devaient nous regarder comme on regarde ses enfants quand ils sont terribles. Attentivement. »

Il arrivait à Jujube de repartir seule et, descendue dans la rue, de marcher doucement de peur de briser trop vite le lien magique tissé entre elle et eux par leurs paroles offertes.

Gréco revit Faulkner des années après, à l'occasion d'un dîner chez Maxim's. Elle fut frappée par une certaine mais indéfinissable ressemblance entre lui et un certain Darryl F. Zanuck. Elle n'était que physique.

A force de tendresse et de patience Anne-Marie finit par rendre à Jujube le goût du rire partagé. La solitude lui avait donné celui du silence, mais elle aimait l'écouter. Les propos tenus par Anne-Marie, farceurs mais justes, spirituels mais graves, la séduisirent.

Anne-Marie, quoique infiniment plus cultivée que bien des gens qui l'entouraient, assenant leurs trop fraîches références à tout propos, Anne-Marie, elle, ne se prenait pas au sérieux. Elle fit découvrir à Jujube la cinémathèque et les foudres de Langlois, et surtout l'envie de vivre. Jujube l'avait perdue derrière une larme non versée.

Le Méphisto. Le Tabou. Le Bœuf sur le toit.
Les voyeurs et les vus. La surprenante ren-
contre de Gréco avec ce qui deviendra son
métier.

Jujube aime à aller dans le sous-sol du Méphisto. Endroit relativement clandestin, car il faut sonner à la porte et être reconnu pour obtenir le droit d'entrée. On y mange du boudin créole et on danse et boit, boit et danse comme l'envie peut en prendre, mais surtout on y parle beaucoup. Jujube y retrouve Merleau-Ponty, l'écoute et entend les autres, Camus, Jean-Pierre Vivet, Astruc, Jacques-Francis Rolland, Scipion... Anne-Marie raconte qu'un jour, ces deux derniers partis pour faire le tour du monde stoppèrent net à Rangoon sans un sou ; revenant au Méphisto conter leurs aventures, ils retrouvèrent la conversation au point précis où ils l'avaient laissée à leur départ, et que, faisant sonner haut et clair le fait qu'ils revenaient des Indes, ils entendirent Jujube dire à voix basse « Et après ? » Anne-Marie prétend qu'ils en perdirent le goût des voyages. Gréco n'en croit rien mais l'histoire est plausible.

Il arrive à Jujube de parler maintenant. Protégée par l'aspect inaccessible de Gréco, elle reste intacte. Elle choisit. C'est le luxe de la liberté.

Et s'il n'y avait pas eu Le Tabou ? où seraient-ils allés ces enfants du petit jour et des courants

d'air ? Ils auraient sans doute découvert un autre
ailleurs. Le Bar Vert fermait vers une heure du
matin et, tout naturellement, le trottoir recevait
les postérieurs de jeunes gens dont les conversations nocturnes, au bout de quelque temps, commencèrent d'être fortement compromises par le
contenu des pots de chambre des travailleurs
honnêtes et matinaux, déversé rageusement sur
leurs têtes pensantes. Il fallut lever le camp et
quitter les poubelles de la rue Jacob avec son
impossible dialogue entre les autres et leurs insultes orales, et celles à la fois orales et écrites,
violemment jetées contre des fenêtres trop vite
refermées, insultes proférées par cette nouvelle et
effrayante génération, effrayante parce que libre
et libre parce que libérée !...

Sur le chemin qui la ramenait à son hôtel,
Jujube avait repéré Le Tabou ouvert toute la nuit,
et qui servait du café et des croissants aux
ouvriers des Messageries de la rue voisine ainsi
qu'à n'importe qui apte à régler son addition sans
crédit. Pas racistes les propriétaires, intéressés
uniquement par la céleste musique du tiroir-
caisse.

Par un glacial et superbe matin encore tout petit
de l'hiver 1946, Jujube pousse la porte du nouveau
lieu de rencontre qu'était devenu Le Tabou de la
rue Dauphine et enlève son manteau unique et
chéri avec précaution. Une sorte de rambarde près
de l'entrée sert de vestiaire. Elle y dépose l'objet
précieux, cadeau de son ami François Bamberger
qui n'aime pas la voir grelotter, et dont le grand-
père distrait (pour notre plus grand confort) pos-
sédait une usine de confection de vêtements dans
le Nord, comme il se doit.

Astruc doit être en train de monter son film

Aller et Retour dans lequel Jujube a tourné, ou bien il refait des plans dans l'immeuble de *France-Soir* avec Sylvia Bataille et son mari Jacques Lacan. *Aller et Retour* est une sorte de monologue intérieur illustré par des images, des visages. Un film « écrit » comme une confession, illustration de la fameuse « caméra-stylo » inventée par Malraux. Astuc, le film terminé, l'enfermera dans un endroit connu de lui seul et ce probable chef-d'œuvre ne verra jamais le jour.

Pour l'instant, Jujube se hisse sur un tabouret, au bar, à côté de Jean Witold qui prépare son émission musicale du matin pour le Club d'essai. Comme d'habitude, il se sert du comptoir comme écritoire et l'œil de M. Guyonnet, le propriétaire des lieux, se fait aussi noir que l'encre qu'utilise Witold. « Monsieur, poussez-vous un peu, vous prenez la place de quatre clients ! »

M. Guyonnet est de Toulouse pour l'accent et nain pour la taille. Seule, surréaliste, sa tête dépasse du comptoir. Jujube ne connaît à la tête qu'une seule expression, à l'aperçu de celle de ses maigres consommateurs : la réprobation. Jujube aime bien Witold, sa passion de la musique, sa connaissance intime des musiciens et la manière qu'il a d'en parler chaque jour vers 11 heures sur les ondes après avoir quitté son tabouret nocturne pour se rendre, la démarche mal assurée, vers son studio d'enregistrement de la rue de l'Université. Jujube a la chance de l'écouter en chair et en chaud.

Anne-Marie, Marc Doelnitz et Astruc arrivent en bavardant. Maintenant, Jujube a sommeil et décide d'aller se coucher. Elle se dirige vers la sortie pour prendre son manteau, il a disparu. Inquiète, elle cherche partout, rien. Désespérée, elle se penche par-dessus la rambarde et réalise pour la première fois que derrière se cache un escalier. Elle fait le tour et entame une difficile descente à tâtons dans le noir. Arrivée en bas, elle écarquille les yeux dans l'ombre et sent, en touchant le mur, un commutateur. Elle allume la lumière, le manteau est là, rond comme un chat qui dort, appuyé contre une porte qu'elle pousse.

Une longue cave voûtée, peuplée de tables et de tabourets vides, éclairée par de petites ampoules de couleurs vives, qui servent de regard à des masques africains, s'offre à ses yeux. Fascinée, elle va jusqu'au fond de la cave pour toucher une grille. Elle donne sur un endroit sablonneux, genre prison sous Louis XI. Jujube s'en retourne à son point de départ et sur le chemin, bien caché, à côté de la porte d'entrée, un bar...

Elle remonte en courant conter la merveille aux autres et ils se précipitent pour voir. Les regards affolés de M. Guyonnet et de son épouse, sortie pour voir d'où venait ce vacarme, n'y font rien. Le refuge idéal est trouvé, maintenant il le leur faut. Jujube exulte. Pas pour longtemps. L'endroit a été fermé par la police il y a des mois. C'était un cabaret bizarre.

Frédéric Chauvelot, ami nocturne, transfuge de la carrière diplomatique, dans laquelle il a, paraît-il, fait un passage très remarqué tant par l'originalité de son comportement que par son physique de séducteur à l'irrésistible sourire ombré d'une fine moustache blonde, flaire la bonne affaire. Il fait part de son projet à Marc Doelnitz et à Anne-Marie : il veut ouvrir un club privé. Ils se démènent comme des diables dans un bénitier. Anne-Marie en parle à Claire Bréguet, son amie, et à son époux Louis Bréguet. Il fera le nécessaire pour obtenir l'autorisation.

Frédéric Chauvelot obtient l'accord des Guyonnet-grippe-sous et le nouveau Tabou naît par un beau soir de 1947.

Les ouvriers des Messageries sont enchantés de ce remue-ménage et les enfants des courants d'air aussi. La petite troupe chante victoire : « Nous sommes chez nous ! Nous payons nos consommations, mais nous sommes chez nous. » Hélas ! trois fois hélas ! pas pour longtemps.

Le Tabou, d'abord club sous le règne de Bernard Lucas, devient privé et célèbre sous celui de Chauvelot. Il voit son étoile briller à la première page des journaux du monde entier. Les Guyonnet prospèrent en largeur mais pas en hauteur, et Jujube est inquiète.

Cette soudaine gloire vient du fait que le directeur du journal *Samedi soir* est l'écrivain Marcel Haedrich et que Jacques Robert, écrivain lui aussi, travaille dans ce même journal. Ils sont tous deux amis d'Anne-Marie et viennent souvent lui rendre visite. Un jour, un énorme article paraît à la première page du journal et il est illustré par une photo du jeune Vadim tenant à la main une bougie allumée et éclairant un escalier de cave dans lequel Gréco est en train de rêver, appuyée sur le mur. TROGLODYTES ! puis, énorme : « EXISTENTIALISTES »... Le mot est lâché et comme un animal sauvage commence sa course folle à la recherche de sa véritable identité.

Pauvre Sartre, pauvre Simone de Beauvoir, pauvres Merleau-Ponty, Heidegger et les autres... Le *France-Dimanche* de Max Corre, le chasseur d'éléphants et le découvreur d'une certaine forme

nouvelle de presse, s'en mêle, c'est l'explosion.
Jujube ronge son frein. Anne-Marie et Marc s'amusent follement. Les gens huppés débarquent en
foule chaque soir au Tabou pour essayer d'aperce-
voir dans l'épaisse fumée cette nouvelle sorte de
jeunes humains.

Jujube se sent aussi mal à l'aise qu'un singe sur
le grand rocher du jardin zoologique. Elle se poste
en haut de l'escalier et chasse les visiteurs. Elle
insulte. Elle giflera même. Ce qu'elle apprendra
plus tard c'est que ça excite encore plus la race
mondaine bruissante et parfumée. Elle pince les
fesses des femmes « endiorisées », « new-looki-
sées », aucune ne se retourne. Gréco en conclut
qu'elles en ont l'habitude. Son mépris grandit un
peu plus chaque soir. Un monsieur très convena-
ble en apparence, alors directeur de la Monnaie,
commettra une erreur fatale. Il lui dira « Bonjour
mon petit » en assortissant son propos d'une
claque sur le postérieur rebondi de la jeune fille.
Jujube voit rouge. Elle ne supporte pas qu'on la
touche. Elle se jette sur le coupable et le roue de
coups. Les gifles et les coups de poing pleuvent.
On essaye de la calmer, elle utilise ses pieds,
s'échappe et se saisit d'un tabouret. Elle est hors
d'elle. On raccompagnera le pauvre blessé à la
Monnaie, et quand le lendemain soir il reviendra
pour présenter ses excuses à une Gréco offensée, il
arborera un superbe œil au beurre noir dont, dit-
il, le matin même le général de Gaulle avec lequel
il avait de fréquents entretiens lui avait demandé
la raison. L'homme pris de court, sa réponse
arriva lentement et bêtement il dit : « Je suis
entré dans une porte, mon général. » Il ajouta que
le Général n'en crut sans doute rien et qu'il fut
conforté dans ses doutes par la presse qui, elle,

donna son vrai nom à la porte en question, faisant de sournois commentaires dans ses colonnes spécialisées. Gréco ne pardonna jamais et le lui dit. On ne le revit plus.

Jean Cocteau venait au Tabou faire voler ses mains et ses mots, accompagné de Christian Bérard et de Boris Kochno. Bérard avait dessiné pour Anne-Marie et Gréco des pantalons écossais bordé autour de la cheville par de la fourrure. Jujube intriguée demanda ce que c'était comme animal. « Du vison », fut la réponse. « C'est fait comment, un vison ? » demanda la jeune fille. « Tu ne tarderas pas à le savoir », répondit doucement Bérard en souriant dans sa barbe. C'était vrai. Il avait aussi dessiné pour son amie Gréco un collier comme s'en font tatouer certains futurs condamnés à mort : un pointillé autour du cou. Mais, pour elle, il désirait comme des gouttes de sang et des larmes alternées, un rubis, un diamant..., et ainsi de suite. Jamais Jujube ne fit réaliser le bijou mais il lui appartient quand même. Christian Bérard offrit à Jujube un caillou percé d'un trou rond figurant l'œil d'un Neptune qu'il avait peint de profil sur l'une de ses faces et qu'il avait signé sur l'autre. Jamais elle ne s'en est séparée. Parfois il voyage avec elle.

Le problème de la garde-robe d'Anne-Marie et de Gréco était en partie résolu par François Bamberger d'une part qui fournissait le tissu, et par une ravissante Tahïtienne d'autre part, femme de l'avocat Jean-Pierre Le Mée, ami cher à leurs cœurs. Elle cousait comme une fée et savait se servir d'une paire de ciseaux comme personne. Taï était languissante comme une vague qui vient mourir sur vos pieds nus. Mais aussi délicieuse et gaie. Jean-Pierre Le Mée, sous la haute direction de

Georges Izard, subtil avocat humain, ami joyeux, avait été le défenseur de Joanovici, des plus grands noms du spectacle et de la société la plus choisie et la plus parisienne. Cela n'avait en rien altéré son caractère et son humour était resté intact. Les soirées passées avec eux deux était toujours une fête, un enchantement. Il est mort en courant vers sa femme qui l'attendait sur le perron, impatiente de l'embrasser.

Anne-Marie dansait. Gréco ne dansait pas. Elle regardait danser les autres. Ils avaient pour prénoms Jeannot, Marthe, Adgé, Catherine, Simone la bondissante, l'élastique, devenue plus tard Mme Moustache, le batteur de Claude Luter, Jean-Pierre Cassel, mais oui... ; Moustache l'ogre débonnaire et raffiné caressant doucement sa bedaine naissante avec un sourire joyeux et disant : « Regarde comme il est beau, mon cimetière à poulets »... Il ouvrira pour son plaisir, quelques années plus tard, un excellent restaurant. Pour l'heure, il cuisine sa musique avec bonheur.

Les rats de cave deviendront rapidement célèbres dans le monde entier sous ce joli mais anonyme titre.

Hot D'dée, jeune homme, précieuse statuette d'ébène animée fait partie de l'équipe et surprend par sa grâce et sa beauté. Il est l'époux d'une jeune couturière assortie. Non par la couleur, mais par la taille. Gréco donnera à Hot D'dée le surnom de petit D'dée à coudre. A broder plutôt, mais avec les pieds et les jambes. Il danse comme l'oiseau vole. Son regard est de velours noir. Normalement. Il peut devenir soudain café glacé. L'homme est intelligent, il verra beaucoup et retiendra tout.

Jujube a vingt ans. L'écume du bouillon magique de la culture éclate en bulles irisées et farcies
de merveilles sous ses yeux et à ses oreilles.

Au Tabou, chaque nuit, elle distinguera au gré
des vagues de la vie de ce Paris débordant d'idées
et de désirs, elle distinguera surnageant au-dessus
de leurs corps estompés par l'ombre et l'épaisseur
de la fumée, les visages presque irréels de Georges
et Nora Auric, Christian Bérard, Albert Camus
rêveur, penché sur ceux de Gaston Gallimard et de
Marcel Duhamel (inventeur de la Série noire et
dont l'élégance vestimentaire légendaire passe
inaperçue dans la cohue). Albert Camus, directeur
de la célèbre collection « Espoir », rédacteur en
chef du journal *Combat*... Il est là, à notre portée.
De même que François Mauriac, Simone de Beauvoir (rarement). A son retour d'un voyage en
Amérique, elle arborera un manteau de rat de
même provenance. Cazalis et Gréco pousseront
des cris de souris prises au piège, comme deux
sales mômes. Simone de Beauvoir, royale, passera
sans broncher devant le tribunal sans pitié de la
jeunesse. Elle fera la sourde mais dissimulera mal
un petit sourire amusé.

Cela dit, Simone de Beauvoir sera pleine d'attention aux faits et gestes de Gréco. Elle l'invitera
à quelques soirées, sachant lui faire rencontrer des
gens qu'elle peut admirer et desquels elle peut
recevoir un certain enseignement. Écrivains,
comme Truman Capote... « Jeune Américain promis à un brillant avenir », dit la critique...

Jujube a pour Simone de Beauvoir une sorte
d'admiration-culte. La beauté de la femme est
troublante. Derrière son visage de madone on sent

que la pensée est là, sans cesse en éveil, sans cesse
au travail. On la surnomme le Castor. Elle
construit, reconstruit, cherche, trouve, se bat,
vainc, défait l'adversaire avec une science absolue
de sa propre force et des éventuelles faiblesses de
celui ou de celle qui lui fait face. On la dit trop
organisée ! Heureusement ! Ses yeux bleu de mer
sous l'orage lancent des éclairs mal contenus et,
quand elle les baisse sur le papier pour écrire sans
les relever pendant de longues heures assise à une
table du Flore ou des Deux Magots, on se demande
si la feuille blanche ne va pas brûler. Quand elle
relève les paupières, son regard est tourné vers
l'intérieur de sa tête. Elle ne semble voir personne.
Soudain, elle allonge le médius de sa main droite
faisant passer d'un geste prompt son stylo dans la
main gauche, et se gratte le sommet du crâne, à la
racine de ses cheveux roulés en couronne, un peu
en arrière du sommet dudit crâne sans que change
un instant l'expression de son beau visage calme
et, relevant son long doigt, elle laisse pour une
fraction de seconde sa main en l'air suspendue
dans l'espace comme le vol immobile de certains
oiseaux. Le chemin du retour à l'écriture se fera à
une prodigieuse rapidité.

« Elle écrit comme un homme », s'extasient les
phallocrates.

« Cette femme est belle et intelligente, géniale »
pensent les femmes. Jujube lira tout ce qu'elle
trouve sous la signature de l'agrégée de philosophie. *Le Deuxième Sexe, L'Invitée, Le Sang des
autres, Tous les hommes sont mortels, Les Bouches
inutiles,* qu'elle ira voir au théâtre joué par Roger
Blin qui a des problèmes d'élocution partout sauf
sur une scène, et qui est comme toujours parfait
dans le rôle qu'il a à jouer.

Le couple Sartre-Beauvoir fera les beaux jours d'une presse imbécile. Ils passent au travers de l'ordure comme Orphée à travers les miroirs. Intouchables. Intacts.

Claude Mauriac et son frère regardent. Claude est silencieux. Grave. Son frère est bavard et bruyant. Claude est accompagné d'une longue et blonde beauté qui serre sa minuscule taille à l'aide d'un collier de chien. C'est Annabel, l'élégante, qui a lancé cette mode quasi impossible à suivre.

Spectateurs attentifs : Jean Aurenche et Pierre Bost. Ils ont réalisé les meilleurs scénarios des films de l'époque : *Douce, Le Mariage de chiffon, Sylvie et le fantôme,* servis par le talent indiscuté d'Odette Joyeux. *La Symphonie pastorale, Occupe-toi d'Amélie,* et surtout *Le Diable au corps.* Micheline Presle, la merveilleuse, la drôle, l'intelligente et la comédienne ! Pour partenaire le jeune très jeune Gérard Philipe. Sans commentaires. Ce film a bouleversé tout le monde et reste un modèle.

Aurenche fume la pipe autant qu'il pense. Bost, Pierre, l'aîné de la tribu des Bost, est aussi un écrivain à part entière. Il publie chez Gallimard et a fait entrer *La Nausée* de Jean-Paul Sartre à la N.R.F. Il a l'air d'un pasteur. Sa dignité est surprenante de naturel et sa probité proverbiale. Jacques-Laurent (Bost) est souvent seul, lui. Ce beau ténébreux, en dehors ou à cause de l'amitié qui le lie à Sartre et au Castor, a épousé l'une des deux sœurs Kosakiewiez, Olga. L'autre, Wanda, fait du théâtre. Elles vivent et respirent à l'intérieur de l'univers sartrien.

Narquois génial, Scipion vient le rejoindre souvent. On ne connaît de lui dans le quartier qu'une seule de ses œuvres : *Prête-moi ta plume.* Roman pastiche. A la manière de... On le regrette car c'est d'une irrésistible drôlerie. Plus tard, peut-être.

Tout contre Scipion le bien-aimé, rigolant doucement, Raymond Queneau hurle de rire. Ce gigantesque farceur vient d'écrire sous le pseudonyme de Sally Mara (jeune Irlandaise...) et avec la complicité de Micheline Presle (soi-disant traductrice de l'œuvre), *On est toujours trop bon avec les femmes*. L'auteur de *Pierrot mon ami, Petite Cosmogonie portative, Les Temps mêlés, Loin de Rueil, Exercices de style* et tant d'autres chefs-d'œuvre, ne cherche qu'à découvrir le talent des autres. Il communiquerait son amour du et des langages à une cuillère à soupe tant son enthousiasme est grand et communicatif. Comme son rire. Il aime la jeunesse sincèrement. Il est la jeunesse mais il n'a pas l'air de le savoir. Il gonfle les salles obscures de sa présence sonore. Il adore le cinéma et le laisse clairement entendre. Il donne, participe, partage, distribue. Il a inventé un nouveau langage. Xa va Xa va Xa, et ça va durer.

Ils échangent encore leurs souvenirs communs, ces grands enfants de Queneau et de Prévert : la célèbre bataille à la brasserie Lipp en 1927, venue on ne sait plus pourquoi mais contre les hommes de droite de l'A.F. (Action française), assistés du groom de l'établissement que Queneau surnommait « le grand nain », et des serveurs de l'établissement. Ils se retrouvaient tous chez Lipp, mêlés aux hommes politiques de toutes couleurs. Il régnait là une bien étrange atmosphère. Autour des patrons, M. et Mme Cazes, se pressaient Antoine de Saint-Exupéry sans son Petit Prince, Fargue, le poète, le très précieux Anne de Biéville craignant pour sa non moins précieuse canne à pommeau d'or ou d'argent ciselé, André Derain, le peintre colosse de l'école fauve faisant voler les guéridons à pied de bronze en direction de M. Cazes, Marcel Jouhandeau non encore enchaîné par celle qui allait devenir sa chèrement haïe épouse, Max Jacob et Jean Cocteau...

Gréco ne comprend pas pourquoi on a crié au scandale devant ses violences. Il est vrai qu'elle agissait seule, sans l'aide de personne. Le choc ressenti en était peut-être plus fort.

On se demande quel pouvait bien être le comportement d'une femme comme Gertrude Stein en pareil cas. Elle devait craindre en tremblant que cela n'arrive un jour ou plutôt un soir, chez elle, à ses chers tableaux. Elle avait entassé là, dans son atelier du quartier Saint-Germain tous les Picasso qu'elle avait pu acheter, ceux des périodes rose, bleue, cubiste, etc. Bien sûr, ce n'était pas le doux Christian Bérard qui aurait démoli ou attaqué qui et quoi que ce soit, mais ces jeunes chiens ci-dessus cités. Cela dit, elle recevait quand même chez elle, dans son atelier, tout ce que le monde des arts et des lettres pouvait compter de plus représentatif. Passionnant. Elle a continué. Elle est descendue elle aussi dans les profondeurs du Tabou. Ces gens-là venaient retrouver leur jeunesse et disaient se reconnaître à travers les folies et les pensées de ces troglodytes, comme les désignaient en tremblant les habitants du quartier Saint-Germain.

Le public a un peu oublié des poètes dessinateurs comme Camille Bryen, des écrivains comme Lemarchand ou Toursky, mais l'arrivée de Henri-Georges Clouzot avec Yves Montand et Simone Signoret ne passe pas inaperçue. Il en va de même pour Louis Daquin le cinéaste et Jean-Paul Le

Chanois, copains de Jacques Prévert, de Jean
Genet qui vient de faire paraître *Le Miracle de la
rose* et *Notre-Dame des fleurs*, et qui se glisse vers
un possible tabouret. Il a le cheveu ras, le regard
luisant et le teint pâle du chasseur qui veille et
surveille. Il est inquiétant. Silencieux. La séduction.

Tant et tant de la plus pure noblesse de l'esprit
côtoyant celle de l'argent, les curieux. Les
voyeurs. Ceux dont on ne veut pas connaître le
nom.

Ceux de l'esprit sont éblouissants mais eux sont
éblouis par les jeunes beautés qui affluent dans cet
endroit à la mode afin de découvrir ou de retrouver les parfums de l'esprit après ceux de la maison
de couture où elles travaillent comme mannequins vedettes. Elles sont les plus belles et pas les
plus sottes. Praline, Annabel (plus tard Buffet),
Sophie (bientôt Litvak) Bettina (bientôt Ali
Khan)..., de quoi faire rêver les plus beaux esprits
en pleine possession d'un corps...

Hélène (Rochas), diaphane, n'a pas encore
épousé son couturier et les espoirs de ces messieurs s'enroulent autour de ses mignonnes chevilles comme le liseron autour du rosier. Ils sont
transformés, toute l'intelligentsia mâle frétille, la
féminine ondule. Jujube se marre. Elle ondule pas
mal aussi, à sa manière.

On commence à copier sa façon de maquiller ses
yeux. Un célèbre visagiste lui donnera le nom
d'œil de biche. On copie aussi sa non-coiffure, la
couleur noire et les pantalons font fureur. Elle
regarde. Indifférente. Elle ignore la mode. Elle
scrute les visages et cherche le regard. Elle guette
comme une bête féroce. Silencieusement. Elle n'a
pas encore appris à pardonner. Elle essaye de

gommer. Le spectacle parfois la révolte, jusqu'à la violence, ou l'attriste, et alors elle quitte les lieux. Seule. Toujours. Pendant plus d'un an, le spectacle sera de premier choix. A la surprise générale on découvrira Renée Passeur, l'épouse de Steve, sans chapeau, mais en revanche jamais on ne pourra voir Mapie de Toulouse-Lautrec sans le sien. Quant à celui de Simone Berriau, l'heureuse et belle directrice du théâtre Antoine, on murmure qu'au lit, à l'heure du petit déjeuner, elle en porte un ravissant, bouillonnant de dentelle et de broderie anglaise.

La fragile et aiguë Lise Deharme viendra elle aussi et descendra l'escalier glissant en baissant sa jolie tête comme tout le monde. Elle arborera en dépit du lieu et de son étrangeté ses célèbres coccinelles de corail de chez Cartier ! Quel courage, madame...

La grande Nicole Védrès et son architecte d'époux, les frères Cravenne, Michel le cinéaste et Georges l'homme orchestre de toute la publicité présente et à venir. Pierre Brasseur. Diabolique. La voix terrible comme un orage d'été. Jean Domarchi et Tran Duc Thao, collaborateurs de Jean-Paul Sartre à la revue des *Temps modernes.* Raymond Bussières et sa femme Annette Poivre souriant à leur propre jeunesse, celle des Prévert, Duhamel, Carette, Jean-Paul Le Chanois, Lucien Raimbourg, Chavance, Lotar, Maurice Baquet, Maurice Henry, Loris, Sabas, Bonin, Grimault, Roger Blin. Blin, l'homme de théâtre par excellence. Incorruptible. L'un des rares amis d'Antonin Artaud. Chercheur. Réalisateur dans son sens le plus noble.

Tous, tous ceux de Paris et d'ailleurs, ceux des quatre coins du monde et de toutes les couleurs se presseront les uns contre les autres, respireront la même irrespirable atmosphère et partageront pour quelques heures privilégiées le temps suspendu, retenu par les fils invisibles d'un certain bonheur, d'une jeunesse vécue ou retrouvée. Là, dans cette cave humide exhale une délicieuse odeur de soufre. Dieu ! Que cet Enfer-là était joli...

Gréco se sentira protégée comme par miracle. L'affection et l'amitié d'hommes et de femmes sont là, barrières invisibles contre les ondes mauvaises. Nombreuses.

Un certain soir, lors d'une fête donnée sur les toits de l'immeuble du journal *France-Soir* par son directeur Pierre Lazareff, Gréco a été conviée à dîner. A souper, plus exactement. Il y a des orchestres de danse et tout le monde s'amuse énormément.

Soudain, Gréco voit se dresser devant elle une silhouette connue. C'est celle du jeune directeur de *Paris-Presse*. Jujube l'a rencontré dans des circonstances bien différentes. Il était venu rue Servandoni, poursuivi par la Gestapo, afin de trouver refuge et cachette pour une ou deux nuits. Gréco qui, bien que sortant de Fresnes, n'avait pas perdu son sang-froid, lui laissa sa chambre. Elle dormit sur le matelas que son ami Jean Marsan avait retiré de son lit, et lui essaya de dormir sur le sommier-oursin-nu et hérissé d'être privé de son cache-misère. Le sommier eut raison du sommeil de tout le monde tant sa plainte était lamentable et grinçante à chaque mouvement amorcé par le pauvre et généreux jeune homme.

Ils furent pris d'un certain fou rire, mais tendirent l'oreille au moindre bruit suspect. Jujube avait peur mais l'homme était israélite et traqué. Cela suffisait. Ce soir-là, dans le brouhaha de la fête, celui qu'elle avait devant elle détourna la tête en la voyant. Elle se sentit devenir toute pâle. Pierre Lazareff s'approcha d'elle et siffla entre ses dents : « Alors, monsieur X..., vous ne reconnaissez pas Mlle Gréco ? » Le jeune homme, affreusement gêné, bredouilla une vague formule de non-politesse et, penaud, s'en fut à l'autre bout de la terrasse.

Lazareff était un homme généreux et tendre. Il aimait bien la scandaleuse Gréco avec ses longs cheveux sauvages et ses pantalons noirs. Son silence aussi. Il n'a jamais manqué une occasion de lui manifester sa présence protectrice et chaleureuse. Sa femme Hélène de même. Ils sont venus eux aussi tâter de l'air saturé du Tabou. Cela les intéressait énormément. Mais pas en voyeurs, en tant qu'humains. Jeunes encore. Toujours. Pierre, le patron de toute une génération, est parti, laissant une place restée vide. Jamais sans doute, dans un contenant aussi petit, on ne retrouvera même dans un géant le potentiel de ses qualités, celles qui font les vrais, les très grands journalistes, les grands hommes de la presse.

Ceux du Catalan, Marie-Laure de Noailles en tête et accompagnée du peintre Dominguez, traînant dans son sillage quelque jeune talent protégé par ses soins, consentira elle aussi à risquer sa haute coiffure, genre Louis XIV enfant, sous la voûte poussiéreuse de l'escalier. Son quartier général est pourtant le Catalan, endroit « habité », lieu de rencontre des beaux esprits des années précédentes. Actuels et futurs. Le Catalan se trouvait sur le chemin de Jujube quand elle se rendait de son hôtel du quai des Grands-Augustins jusqu'au Flore ou chez Lipp. Au premier étage se trouvait le restaurant et Jujube y fut invitée parfois par de plus fortunés qu'elle. La fourchette souvent à côté de la bouche, elle dévisagea les premières fois Dora Maar (ex-compagne et modèle de Picasso), André Frénaud (poète), Lise Deharme (poète et mondaine), le très séduisant écrivain-héros, héros-écrivain Jules Roy faisant pâmer toutes ces dames assises devant une pipérade refroidie à l'ombre sévère d'un tableau de Braque.

L'ombre vivante de Picasso qui habitait un atelier de l'autre côté de la rue se ressentait violemment. Dora Maar y était sans doute pour quelque chose. C'est dans cet atelier de la rue des Grands-Augustins, qui au départ appartenait à Jean-Louis Barrault, qu'il prépara *Tandis que j'agonise* d'après le roman de William Faulkner et qui devint *Autour d'une mère* pour le théâtre de l'Atelier.

C'est dans cet atelier que se réunirent le groupe Octobre, la bande à Prévert et autres Duhamel, Bussières, Blin, Mouloudji (le petit) Paul Grimault, Maurice Baquet, Michel Leiris... On peut penser, sans risquer grand-chose, que le Catalan de par sa proximité devint le point de rencontre idéal de ces jeunes gens. Georges Hugnet, poète peintre et cinéaste surréaliste, préside aux destinées du Catalan 1950. Quelques objets de sa fabrication ornent les murs du rez-de-chaussée. C'est lui qui inventa pour certaines œuvres de Breton des reliures de verre : *L'Air et l'Eau*, *Défense de savoir*, ou encore *Au lavoir noir*, sur la couverture duquel se mêlent des papillons entourés de larmes bataviques.

C'est dans ce rez-de-chaussée feutré que par un beau soir Maurice Merleau-Ponty, Boris Vian, René Leibowitz et Anne-Marie Cazalis inventèrent une sorte d'hymne « existentialiste »... Gréco fit faiblement entendre sa voix de rogomme et sur un air de jazz composé sur l'instant et pour la circonstance par le très classique Leibowitz ils se mirent à entonner :

Je n'ai plus rien dans l'existence
Que cette essence qui me définit
Car l'existence précède l'essence
Et c'est pour ça que l'argent me fuit.
J'ai lu les livres de Jean-Paul Sartre
Simone de Beauvoir et Merleau-Ponty
Mais c'est tout le temps le même désastre
Même pauvre tu es libre, tu te choisis.
J'ai bien essayé autre chose,
Maurice Blanchot et Albert Camus.
Absurde faux pas ! c'est la même chose
Tout n'est qu'un vaste malentendu.
Demain Sisyphe, angoisse, morale,
Aminadab Nausée et compagnie
C'est tout le temps le même désastre,
Car même au Flore, plus de crédit !

Tout le monde aimait les farces. Tout le monde voulait retrouver la liberté de rire quand et où et comment il le pouvait. Anne-Marie était une fine spécialiste. Elle avait le génie de la trouvaille. Le jour de la mort de Gide elle envoya le télégramme suivant à François Mauriac : « Enfer n'existe pas. Tu peux te dissiper. Préviens Claudel. Stop. Signé André Gide. » Macabre mais superbe. Féroce. Celui-là seul pour l'exemple.

Ce soir-là, au Flore, les rires se firent plus aigus. Le Flore est l'un des lieux les plus propices à l'éclosion de la pensée existentialiste si l'on en croit son propriétaire, M. Paul Boubal. Grâce à ses soins attentifs, il est certain que Jean-Paul Sartre

et Simone de Beauvoir n'auraient jamais pu trouver un endroit plus calme et plus propice à la
méditation que le premier étage de son café. Il y
faisait chaud pendant la période de l'occupation
allemande et les clients du rez-de-chaussée étaient
des gens charmants et rieurs. Turbulents. Jeunes.
Loris, Latour, Bussières... encore et toujours la
bande à Prévert, le groupe Octobre, et puis aussi
ceux des Deux Magots qui parfois se glissaient sur
les banquettes de la concurrence.

Les Deux Magots sont à cette époque un endroit
austère et calme. On y peut voir Roger Vitrac,
André Gide. André Gide ! Gréco se souvient. Un
jour du début de l'été, un ami à elle lui fera une
étrange invitation. « Veux-tu venir chez Gide ? »
L'œil luisant elle répondra : « Oui ! » Le jeune
homme possède la clef de l'appartement et, quand
il la glisse à l'intérieur de la serrure, Gréco sent un
petit frisson lui chatouiller la colonne vertébrale.
Ils entrent. L'endroit est calme et provincial.
Piano à queue-plantes-vertes-livres. Elle marche
doucement, comme une voleuse. Le jeune homme
parle, elle ne l'écoute pas. Le jeune homme pousse
une porte et elle entend : « Regarde, c'est sa
chambre. » Elle reste sur le seuil. Paralysée. La
pièce est minuscule. Dépouillée. Monacale. Petit
lit de fer. Crucifix. Le cœur fou, elle a envie de fuir
comme pourrait fuir un violeur. Elle se taille au
galop, dévale l'escalier. Son ami la retrouvera
sans voix et hors d'haleine.

Gréco aura toujours l'angoisse de la rencontre.
Il lui arrivera d'en avoir de surprenantes comme
le jour où, entrant dans le restaurant de Jean, La
Méditerranée, place de l'Odéon, où elle avait été

priée à déjeuner par Christian Bérard et Boris Kochno, elle vit se lever, ouvrant grands ses bras à la jeune fille aux cheveux longs vêtue de ses seuls pantalons noirs et de son unique chandail, un grand homme élégant, mince et d'un certain âge qui claironna un joyeux « Bonjour, Gréco » tout en la serrant sur son cœur. C'était François Mauriac. La clientèle médusée salua l'événement d'un silence à couper à la scie à métaux. Gréco avait pris des couleurs et elle souriait. L'homme avait salué la petite Bordelaise et s'amusait visiblement de l'effet que son éclat avait produit. François Mauriac pouvait être provocateur et en jouait.

Gréco alla prendre sa place à la table de ses hôtes ravis. Kochno voulait faire redanser Jujube. Il voulait créer un ballet pour elle. Par peur de les décevoir, Christian Bérard et lui, et plus encore par peur de se décevoir elle-même elle refusa. L'Opéra lui semblait irréel, comme un rêve vécu des années auparavant, dans une autre vie : l'enfance. Avant la guerre. Elle ne pensait plus qu'au théâtre. La tragédie. Elle attendait sans impatience parce que sans espoir. Derrière ses paupières closes comme un rideau qui vient de tomber sur la dernière réplique de la pièce elle se voyait debout dans la lumière. Une autre. Celle qui vit la vie d'une autre. D'une autre qui parle, crie, hurle son existence au visage anonyme du public, qui vit ces instants magiques au même rythme qu'elle, cardiaque, respiratoire. Fou.

Pour nous et les autres, Boris soufflait dans sa « trompinette ». Ses frères, les deux, faisaient aussi partie de l'orchestre. Les musiciens de toutes les boîtes venaient tard pour faire avec eux ce qu'ils avaient baptisé un « bœuf », c'est-à-dire une jam-session. Les musiciens américains de passage

à Paris, les grandes stars du jazz de toutes tendances les rejoignaient après leurs concerts, attirés
par le tam-tam magique de bouche à oreille qui
avait traversé les océans et les quartiers noirs de
Harlem pour offrir à cette jeunesse de Saint-
Germain-des-Prés la matérialisation de leurs
rêves les plus fous. Ils étaient là, pour le plaisir,
Miles Davis, Gillespie, Charlie Parker, le Modern
Jazz Quartet au complet, Kenny Clarke et les
autres, ceux qui passaient par Paris redevenue
capitale du monde.

Les écrivains étrangers font tous escale au
Tabou eux aussi, les peintres de même. Pendant ce
temps-là, indifférents au phénomène publicitaire
mais grisés par le bonheur, ces « enfants »
parlent, jouent et rient comme tous les enfants de
la terre. L'instrument dont ils jouent le plus
volontiers et le mieux reste sans doute eux-
mêmes.

Quelques personnages vivent dans la mémoire
de ceux qui ont fréquenté les lieux à cette époque :
le neveu de Christian Pineau le ministre (Alain
Quercy pour ne pas gêner son oncle), qui vient
réciter ses œuvres poétiques devant un public
atrocement bavard, Gabriel Arnaud qui, au milieu
d'un indescriptible vacarme et d'un torrent d'insultes, chante « Le cheval de cirque » et « C'est
dimanche », deux de ses propres chansons, fort
jolies au demeurant, mais le personnage de
Gabriel est rejeté par le public. *Le Paroissien,* titre
de l'un de ses livres, lui convient à merveille, dit
de lui Charles Trenet, « avec son air soumis
d'abbé timide..., ses mains blanches qui avaient
toujours l'air en feuilletant un livre de tourner les
pages d'un missel... » Il semble qu'il vienne là
pour se faire rouer de coups, mais il est lâche et

refuse l'affrontement physique. « Ne me bats pas... je suis une fille... », et la foule de se défouler. Ravissant, angélique, poète et comédien, un jeune homme se fait appeler « Radiguet » et prétend en être le neveu. Il se nomme, dit-on, Alibert. Signe particulier : sa fabuleuse grossièreté qui dépasse son imagination et sa beauté. Il est ordurier avec les femmes du monde. Ça peut plaire. Pommerand lui aussi irrite par la manière haineuse qu'il a d'aborder toute chose, y compris la poésie lettriste qui est la sienne et dont il crache les mots avec une violence inouïe au visage des spectateurs. Qui l'a entendu une fois vociférer « Koublakan Koublakan ! » n'est pas près de l'oublier. Robert Auboyneau, le neveu de l'amiral, le vrai, promène son élégance, joue la comédie et ne réussit pas à faire oublier qu'il est fils de diplomate. Il a une vilaine toux et après mille stratagèmes, décide Gréco à l'accompagner chez son médecin le temps de l'insufflation indispensable à la bonne marche de ses poumons. Jujube, les premiers jours, était terrorisée. Puis, elle devint attentive et lui tenait la main tout au long de l'opération, presque heureuse de l'écouter respirer, regardant sa poitrine se soulever sans peine apparente. Le traitement fini, ils retournaient au Flore ou au Montana, marchant main dans la main et riant à la moindre des choses, insolents, fiers d'être vivants.

Pendant que les autres s'expriment dans l'exhibitionnisme, Moulou, Marcel Mouloudji, lui, chante ailleurs et à sa façon. Il a été découvert par la bande à Prévert dont on ne peut mettre en doute le flair et l'intelligence. Mouloudji est l'une des personnes que Gréco a rencontrées dans sa vie souvent et qui l'a toujours étonnée. Il sait tout faire et bien. Écrire, peindre, jouer la comédie et chanter. Il a tous les talents et un sourire enfantin auquel personne ne peut résister.

Il vit sa vie avec discrétion et efficacité. Petit Moulou deviendra grand. Léo Ferré chante à L'Écluse, sur le quai des Grands-Augustins, au Saint-Thomas-d'Aquin, à La Rose rouge... Il bouleverse et surprend, dérange. Ses chansons sont et demeureront des chefs-d'œuvre. Tout le monde en est persuadé. Jacques Douai s'accompagne à la guitare et un peu partout, le plus souvent à L'Échelle de Jacob. Sa voix est douce et juste, ses chansons sont poèmes. Il chante les vieilles chansons françaises comme personne et sera l'un des premiers avec Cora Vaucaire à découvrir « Les feuilles mortes ». Cora Vaucaire elle, tremble de peur si fort avant de chanter qu'elle se demande chaque soir si elle va continuer ce métier !

Il faut beaucoup marcher pour arriver à entendre ceux que l'on aime. On marche donc. Ce soir, Jujube a rendez-vous avec Marc Doelnitz au Montana. Elle passe par la place Furstenberg et comme d'habitude s'assied quelques instants sur un banc. Terrible, gesticulant, tenant un discours muet mais qui semble douloureux, passe Antonin Artaud. Il fend l'air de son profil d'oiseau et écrase d'un coup de poing un adversaire invisible. Jujube tremble un peu mais l'homme poursuit sa course solitaire. Glacé par son immense colère, torturé par la folie et ses médecins, il est seul. Au-delà de l'humain.

Jujube traîne les pieds jusqu'au Montana, affreusement triste tout à coup. L'image d'Arthur Adamov, agenouillé devant une femme debout dans le couloir des toilettes du Montana, fixant l'homme qui baise ses chevilles entourées de lacets, efface celle du chasseur de chimères. Elle avait refermé la porte avec une telle rapidité ce jour-là que les consommateurs s'étaient retournés, surpris de la voir se sauver en courant.

Le malaise revient, intact. Elle presse le pas. Au-dessus de son corps sec, remontant la rue Saint-Benoît, le visage de Roger Vailland coupe la petite brume de ce soir d'hiver. L'écrivain marche vite. L'homme a un rendez-vous. Il entre au Montana et en ressort aussitôt, tenant par la main une minuscule jeune femme frileusement enveloppée dans ses cheveux-cape qui dansent autour de son corps frêle en frôlant ses genoux. Elle est perchée sur de très hauts talons qui ne servent qu'à la rendre plus enfantine encore, de même que son maquillage outrancier et maladroit. Elle est émouvante. Fragile. Trapéziste : Vailland se penche et baise les doigts nus de la poupée vivante. Il la dévisage et ses yeux deviennent liquides. Il n'a pas besoin de sourire pour être l'image même du bonheur.

Jujube appuie son épaule sur le mur froid de l'hôtel. Elle se sent bien soudain. Elle les regarde disparaître et pousse la porte du bar. Juchés comme deux oiseaux sur leur perchoir Anne-Marie et Marc bavardent du haut de leurs tabourets. Elle se joint à eux. Marc est un enchanteur au physique d'adolescent blond-roux-bouclé, ses grands yeux étonnés sur les rires qu'il fait fleurir sur les lèvres du Tout-Paris et aussi sur celles de ses copains. Il fourmille d'idées et ne rêve que fêtes et réjouissances. Il a pris avec Anne-Marie des cours de danse quand ils étaient très jeunes et ils sont restés complices et amis.

Marc était venu presque chaque soir au théâtre quand Michel de Ré avait monté *Victor ou les enfants au pouvoir,* traînant derrière lui le plus de gens possible. Marc a aussi le sens de l'amitié.

Parmi les gens présents, entre deux duchesses, il avait aussi invité la sœur de Moyses, créateur du Bœuf sur le toit des années trente. Le pauvre homme venait de mourir, laissant une sœur éplorée et bien embarrassée de ce curieux héritage.

Jugeant que Le Tabou est une réussite commerciale hors du commun, elle vient de demander à Marc de s'occuper de l'endroit. Elle considère que le trio Marc, Anne-Marie, Gréco doit être une garantie de succès. Les successeurs rêvés. Elle veut confier à Marc le soin de reprendre le flambeau de son frère défunt et inclut Anne-Marie et Gréco dans le lot. La nouvelle est de taille mais n'effraie pas Anne-Marie qui ne voit dans l'événement qu'une raison supplémentaire de s'amuser.

Marc, en homme de spectacle fera son fameux numéro de cinéma muet avec Bernard Zacharias ; quant à Jujube, elle jouera avec le même Bernard, des sketches d'Alphonse Allais. Anne-Marie s'occupera de la presse. Marc est d'une extrême rapidité dans ses décisions et sait parfaitement où il veut en venir.

Le lendemain, ils traversent la Seine pour se rendre sur les lieux sacrés du passé. Le Bœuf sur le toit est encore hanté par la jeunesse de ceux qui enchantent la nôtre et font chanter notre mémoire. La voix de Marianne Oswald fait toujours froid dans le dos d' « Anna la bonne » et on croit voir briller les manchettes blanches de Cocteau qui n'a cessé d'applaudir depuis trente ans.

André Breton, Georges Auric, Tristan Tzara et le dadaïsme au milieu des surréalistes et de leur « pensée pure », Dali, Chirico, Masson, Ernst, Picasso, Eluard, Desnos, Crevel, Char... L'ombre de leur jeunesse est demeurée là, veillée par Wiener et Doucet demeurés intacts sur les murs, jouant sur leurs pianos peints, silhouettes inoubliables.

Une certaine émotion calme les nouveaux visiteurs et ils avancent comme on avancerait dans l'entrée du château du *Grand Meaulnes* d'Alain-Fournier, éblouis. Jujube ferme les yeux mais elle voit, devine, se rappelle.

Les choses en sont là quand, soudain, Anne-Marie est prise d'une agitation inhabituelle et entraîne Marc dans un coin. Ils parlent à voix basse, mais Jujube ne s'en inquiète pas. Une petite phrase la sort brutalement de sa rêverie : « Et si Gréco chantait ? » L'intéressée reste bouche bée et aucun son ne sort. Marc et Anne-Marie reprennent leur conversation et Gréco son mutisme. Elle laissera passer l'eau sous le pont sans commentaires, comptant sur l'oubli. Eh bien ! pas du tout. Nous allons voir comment et pourquoi.

Sartre adorait les nourritures terrestres. Il était fin gourmet et sensuel gourmand. Prenant un plaisir extrême à ceux de la table et préférant à toute autre la compagnie des femmes, Gréco, avec ou sans Cazalis, se trouvait invitée à partager avec lui de succulents repas. Chez Dominique, célèbre restaurant russe de la rive gauche, ils se retrouvèrent souvent. Jujube ne peut effacer de sa mémoire un certain déjeuner auquel Sartre avait convié avec les deux jeunes femmes leur ami commun Jacques-Laurent Bost, le beau ténébreux et néanmoins pensant jeune homme. Alors qu'ils se préparaient à attaquer des blinis au saumon fumé arrosés de vodka, un long, gracieux, grave Africain, visiblement jeune et timide, s'approcha de la table et pencha la tête vers Sartre. Sartre se

leva pour mieux l'écouter et honorer sa question.
Il était d'une courtoisie parfaite, naturelle. Le
jeune homme légèrement surpris articula doucement : « Monsieur Sartre, je viens de terminer
votre livre *Réflexions sur la question juive* et je
voulais vous demander... » Étrange ! Et Jujube
détourna son visage qu'elle avait levé vers celui du
curieux lecteur, s'obligeant à ne pas entendre la
suite de l'entretien. Surprenante image. Sartre
toujours debout parla un long moment et, quand
il se rassit, il souriait. A cet instant une grande
douceur heureuse émanait de l'homme. Un bonheur. Sartre aimait les autres. Il savait les entendre. Il mangea froid.

Le restaurant Allard, rue de l'Éperon, avait aussi
une place privilégiée dans la gourmandise de
l'homme. Perdreaux, faisans, cassoulets et autres
plats mitonnés le mettaient de belle et diserte
humeur. Il était coquet et savait parfaitement
jouer de son charme qui était puissant. Aucune
femme n'avait besoin d'attendre l'heure du dessert pour être subjuguée. Le soir de cette étrange
conversation entre Marc et Anne-Marie concernant une possible Gréco chantant, Sartre poursuivant ses appétits les avaient conviés à La Cloche
d'or, autre lieu de ses réjouissances culinaires et
montmartroises.

Le repas terminé, ils redescendaient à pied en
devisant gaiement, Gréco légèrement en arrière
avec Jacques-Laurent Bost quand, sans prévenir,
Anne-Marie fit part à Sartre de son projet de faire
chanter Gréco. Celui-ci répondit en riant : « Si
elle veut chanter, qu'elle chante... » Gréco, gro-
gnon, prit son courage par la main et dit à Sartre
qu'il n'en était nullement question, croyant par
cet éclat être débarrassée à tout jamais de cette

idée qui lui semblait invraisemblable. L'effet fut immédiat. Sartre, curieux comme il l'était de tout et de tous, lui demanda les raisons de son refus. Elle fut bien obligée de les donner. « Je ne sais pas chanter et puis je n'aime pas les chansons que l'on entend à la radio.

— Eh bien, si vous n'aimez pas celles-là, quelles sont celles que vous aimez ? »

D'une voix blanche Jujube avança les noms d'Agnès Capri, d'Yves Montand...

« Soyez chez moi demain matin à 9 heures. »

Ce fut la conclusion de Sartre.

Jujube ne ferma pas l'œil de la nuit pour être sûre d'être à l'heure. Quand l'église de Saint-Germain-des-Prés sonna les neuf coups fatidiques, elle en sonna un à la porte. On la fit entrer directement dans le bureau où depuis longtemps déjà Sartre devait travailler.

L'idée de voir Gréco chanter avait dû lui plaire car, à côté de lui, sur sa table, il y avait une pile de livres entre les pages desquels il avait glissé des signets de papier blanc.

« Regardez », dit Sartre. Et le dialogue commence.

Premier livre.

« Claudel... », murmure Jujube. (Elle se revoit en train de mimer une vague dans *Le Soulier de satin* sous une bâche et sur la scène de la Comédie-Française.)

SARTRE : « Vous n'aimez pas Claudel ? »

JUJUBE : « Si... si. »

SARTRE : « Tristan Corbière, vous connaissez ? »

JUJUBE : « Non. »

SARTRE : « Raymond Queneau, oui. Et Jules Laforgue ? »

JUJUBE : « Oui. Merci. »

SARTRE : « Bon, alors cherchez là-dedans, choisissez, et rapportez-moi mes livres. »

Jujube le fit. Retournant chez lui pour lui donner en même temps que ses livres le résultat de son choix, Sartre la fit asseoir près de la fenêtre d'où elle pouvait voir la place déserte de l'église à cette heure matinale.

SARTRE : « Alors ? »

JUJUBE : « Heu... » (Elle était ridicule et le savait.) Heu... voilà : le poème de Raymond Queneau " Si tu t'imagines ", et puis " L'Éternel féminin " de Jules Laforgue.

SARTRE : « C'est tout ? pourquoi pas Corbière ? »

JUJUBE : « Je ne crois pas en être capable. »

SARTRE : « Ah ? Et " L'Éternel féminin ", alors ? »

Jujube rougit et ne répondit rien. Sartre la regarda et sourit gentiment sans plus poser de questions et dit qu'il était content de son choix et que dans son prochain livre Simone de Beauvoir faisait mention de « L'Éternel féminin ».

« Je vous fais un cadeau, c'est une chanson que j'ai écrite pour *Huis clos*, paroles et musique. La musique ne me plaît pas. Faites-la changer.

— Par qui ? souffla Jujube.

— Par qui vous voudrez, dit Sartre joyeusement.

— J'aime bien la musique des " Feuilles mortes ", glissa Jujube.

— Alors, allez voir Kosma. Ou plutôt non, je vais le prévenir. Il n'a pas le téléphone. C'est lui qui vous donnera un rendez-vous. Au revoir, Gréco.

— Au revoir... » Deux enjambées vers la porte. « Merci. » Et elle s'envola dans l'escalier, oubliant de refermer la porte derrière elle. Elle fonça au

Montana pour boire un café réparateur et conter
par le menu l'entrevue à Anne-Marie qui fut ravie
de ne s'être une fois de plus pas trompée, mais prit
son air le plus innocent des jours heureux.

Redescendant au bar de l'hôtel, elle y trouva
Merleau-Ponty assis derrière son café. Elle prit
place près de lui et ils parlèrent. Comme à l'accoutumée, il répondit avec tendresse aux questions
d'une Jujube curieusement volubile. L'Université
au bistrot ! Quelle chance elle a eue !

Merleau-Ponty partit donner ses cours, elle
remonta dans sa chambre et attendit que le
téléphone sonne.

Joseph Kosma appela deux jours plus tard.

Kosma vivait avec sa femme dans une chambre
sous les toits d'un immeuble cossu de la rue de
l'Université. Celui d'où Lamartine lança son
fameux appel.

La mansarde était pour les besoins de sa copiste
de femme diminuée encore de la largeur et de la
longueur d'une partition d'orchestre et de celle de
ses musiciens. Par bonheur, Mme Kosma était de
dimensions fort réduites. Kosma jouait sur un
piano de même calibre. Ils devaient dormir sur le
canapé car, à part une chaise et une table basse, il
n'y avait aucun autre meuble.

Il avait donné rendez-vous et Jujube s'y rendit.
Aidée d'Anne-Marie. Mme Kosma était une femme
assez âgée. Kosma avait fait la veille la musique
de « Si tu t'imagines ». L'inspiration était à domicile.

Jujube avait oublié depuis longtemps les cours
de solfège reçus au couvent. Kosma se mit au
piano. Elle n'ouvrit pas la bouche de peur qu'il en
sorte un son. Anne-Marie et Kosma se mirent à
chanter en cœur pour l'encourager et d'une voix

de rogomme que l'on étrangle elle tenta l'impossible.

Plus d'une heure plus tard, assise sur le canapé,
elle avait osé. Mme Kosma sortit d'un petit placard
des verres à liqueur et une grande bouteille et ils
fêtèrent l'événement.

En sortant, après avoir bu du vin cuit partagé
avec les abeilles de juin à Paris, elle savait sa
chanson, la première. Elle avait osé et elle était un
peu grise.

Elle retourna dans sa chambre et se coucha tout
habillée sur son lit pour savourer ce bonheur
jusque-là inconnu, chanter pour qu'on vous
écoute, vous toute seule, et pour qu'on vous
entende.

Elle avait eu trois spectateurs attentifs et c'est
cela qui l'avait grisée. Pas le vin cuit.

Elle repassait les images de cette matinée pleine
de soleil derrière ses yeux grands ouverts sur le
plafond blanc. Ce jour-là, personne ne prit de
bain. Elle avait pour la première fois fermé la
porte à clef et ne la rouvrit que le soir.

Le temps pressait et les répétitions commencèrent au Bœuf sur le toit. Jean Wiener était venu
s'asseoir sur le tabouret de son piano, il avait
repris sa place après plus de vingt ans d'absence.

Jean Wiener était un homme de totale beauté.
La lumière du talent et de la tendresse humaine
l'enveloppe tout entier. Il a été avec Gréco d'une
infinie patience. Elle ignore tout de son nouveau
métier et est insupportable. Il la supporte. Il dit
d'elle : « Gréco, je l'aime bien, elle monte sur la
moto de n'importe qui, mais pas avec n'importe
qui. » Il dit cela parce que Marlon Brando venait
chaque soir au spectacle, tee-shirt et blue-jeans,
beau comme un jeune dieu et à peine célèbre, et

qu'il ramenait souvent Gréco en croupe sur son cheval de fer, sous l'œil arrondi des passants, dans un fracas épouvantable. Elle jujubilait, Gréco.

Après une minuscule semaine, la répétition générale arriva. Trois chansons à son répertoire, un chandail noir et un pantalon assorti, cadeau de notre bon Samaritain François Bamberger. Côté chaussures, c'était spartiate(s).

Gréco peut dire que ce soir-là, elle eut le Tout-Paris à ses pieds, mais à ses pieds nus, et à ses pieds pour l'unique raison, peu glorieuse, qui était celle du manque de sièges. Les gens du monde, enchantés, étaient assis par terre, comme quand ils étaient jeunes, enfants, en vacances. Ce Tout-Paris qui, pour une fois, avait dû oublier son jugement au vestiaire. Ils furent compréhensifs et indulgents. Gentils, ils applaudirent la petite sotte qui ne savait pas chanter et qui tremblait, les larmes aux yeux.

François Mauriac l'invita à sa table. Il connaissait la famille de Jujube, celle de sa mère, et il était content, s'amusait beaucoup. Jujube pas du tout. Elle avait honte. Sa photographie qui s'étalait dans les journaux du monde entier depuis quelques mois ne trouvait à ses yeux aucune raison d'occuper cette place. Il lui fallait maintenant justifier.

Jujube, ce soir-là, rentrant chez elle, se dirigea directement vers le miroir de la salle de bains. Elle se regarda droit dans les yeux, sévèrement. Et c'est ainsi que Jujube fit le serment à Gréco de justifier autant que faire se pourrait et de tout faire pour essayer d'y parvenir. Elle continue encore aujourd'hui.

Gréco dans son nouveau métier de chanteuse surprend si elle ne plaît pas. Marc Dœlnitz et

Zacharias sont superbes dans leur numéro et une jeune femme noire américaine, amie de Brando et féline, sensuelle jusqu'au bout des cils, chante dans le spectacle : « Chéri je vous aime beaucoup, je ne sais pas what to do » avec un accent qui produit de puissantes réactions chez les specta-teurs auditeurs. Ertha Kiit. Elle deviendra une star à part entière.

Les sièges du Bœuf craquent sous le poids de la clientèle avide de voir et de savoir, et c'est l'été. Conséquence fatale, Anet Badel propose à Gréco de partir pour le cap d'Antibes avec Anne-Marie, chanter dans la succursale du Vieux Colombier qu'il vient d'ouvrir au-dessus du cinéma Antipolis. Elles seront nourries et logées. Il est bien connu que le soleil est la seule vedette qui rallie tous les suffrages.

Jujube, à qui juillet chauffait son envie de partir, quitta avec Anne-Marie et sans remords Le Bœuf sur le toit, pour la Côte d'Azur. Anet Badel, fine mouche, avait loué une villa. Ses invités invitaient et pêle-mêle, au hasard des heures, de leurs sommeils agités, se retrouvaient ou se croi-saient Annabel, Jean-Paul Faure, Franck Villars, Georges Vikar, la belle princesse Zina Rachewski et son amie Frede, directrice du Carrol's trans-planté au bord de la mer. Marcel Lefranc, et des visages inconnus et fatigués qui faisaient une courte apparition avant de disparaître sans avoir proféré la moindre parole. Tout semblait naturel et l'était.

Au Vieux Colombier, vaste rectangle sommaire-ment aménagé pour recevoir la clientèle bronzée des palaces, le spectacle était aussi dans la salle. La mode était au noir cette année-là, pour la première fois en été. Cheveux longs et franges,

« œil de biche », pantalons et chemises d'hommes, des dizaines de petites Gréco riches appre-
naient à danser le jitterburg dans les bras des
play-boys musclés au son de l'orchestre de Claude
Luter. Tous les musiciens étaient descendus de la
rue des Carmes et du club des Lorientais pour
rester avec Luter et tenter l'aventure Badel Côte
d'Azur. Ils étaient de merveilleux compagnons,
bourrés de talent et de charme. Paul Dervaux,
trompette, Zaza, Bernard Zacharias, trombones,
Christian Azzi, le doux, au piano, Roland Bian-
chini et ses doigts blessés par les cordes de la
contrebasse, le Grec Gallepidès, Moustache le
rieur derrière son ventre rond comme la grosse
caisse de sa batterie. Tous ces garçons vivent et
aiment la musique de La Nouvelle-Orléans,
ensemble. Amoureux des femmes, même de celles
des autres, fidèles à l'amitié.

Pour Jujube et ses copains, ces vacances tombaient du ciel. Ils étaient en famille et faisaient
mille bêtises, joyeux et rieurs comme le sont les
enfants impunis. Gréco était invitée et ne recevait
aucun salaire. Cela lui semblait normal. Un après-
midi, Joseph Kosma arriva de Saint-Paul-de-
Vence pour faire écouter une chanson à Gréco. Il
venait de mettre en musique « La fourmi » de
Robert Desnos. Jujube en joie en profita pour
demander à Kosma l'autorisation de chanter
« Les feuilles mortes ».

« Mais avec le plus grand plaisir, chère Gréco »,
répondit-il de sa voix roucoulante hongroise.
Gréco eut donc cinq chansons à son répertoire et
trouva cela suffisant.

Dormant peu, et la curiosité la poussant, elle
décida par un joli petit matin de partir découvrir

ce qu'était ce village dont tout le monde parlait et
où Jacques Prévert avait une maison. Saint-Paul-
de-Vence. Elle y arriva à 10 heures du matin et les
rues étaient désertes, superbes. Protégées du
soleil, les couleurs étaient vivantes, pas écrasées
comme celles de Cannes ou de Nice trop exposées,
trop offertes. Jujube regarda les vitrines des
ouvriers tisserands, celles des sculpteurs sur bois
d'olivier. Les boutiques, minuscules, étaient sombres et secrètes. Elle n'avait plus envie de redescendre vers la mer. Elle rôda doucement et se
retrouva un peu éloignée des maisons. Dans un
sentier un homme marchait. Tête baissée, il
parlait tout seul. Jujube eut l'impression de reconnaître sa silhouette. L'homme leva la tête et ils se
regardèrent. Il dit : « Tiens, c'est toi, Gréco ? »
Elle répondit en souriant que c'était son nom. Lui,
c'était Prévert. Il parla vite, les mots, les questions
se bousculaient et n'attendaient pas de réponses.

Il emmena Jujube chez lui et lui montra des
collages qu'il était en train de placer sur un
paravent. Sa femme entra dans la pièce et ne
parut nullement surprise par la présence de la
jeune fille. Elle lui offrit du café frais. Gréco
repartit, se demandant si elle avait vécu la réalité
de ce rêve. Elle chanta moins mal le soir et ne
conta son aventure à personne.

C'est au cours de cette même période que,
redescendant de Vallauris où elle aime flâner, elle
se retrouve sur le bord de la route qui court le long
de la plage de Golfe-Juan. Toute vêtue de noir, le
visage et les mains pâles, elle contemple l'étalage
de chair exposé au soleil en train de rôtir sur le
sable. Elle trouve cela indécent. Deux yeux
immenses s'interposent et bouchent l'horizon,
deux yeux de lumière intense dont Jujube ne peut

Je ne veux pas qu'on me touche quand je serai morte.
Jujube

Le grand-père.
Amour.
Douceur chaude.
La main qui protège...

La maman. Alors qu'elle était officier supérieur dans la Marine.

La Rose Rouge
et les débuts
de Gréco.

Kosma.
Queneau.
Si tu t'imagines!

J.-P. W.

1 Malheur à celles par qui le scandale arrive!
L'œil est terrible sous le chapeau de celle qui juge!
Gréco. Luisa Modiano. Annabel.

2 Anne-Marie Cazalis et Jujube.

3 A Juan-les-Pins, Gréco fait virevolter ses jupons
et danse sur quelques cœurs, sans remords.

Astruc, A.-M. Cazalis, Marie et Joseph Kosma, Henri Patterson,
Philippe Lemaire. Premier mariage.

Résultat: Laurence Marie.

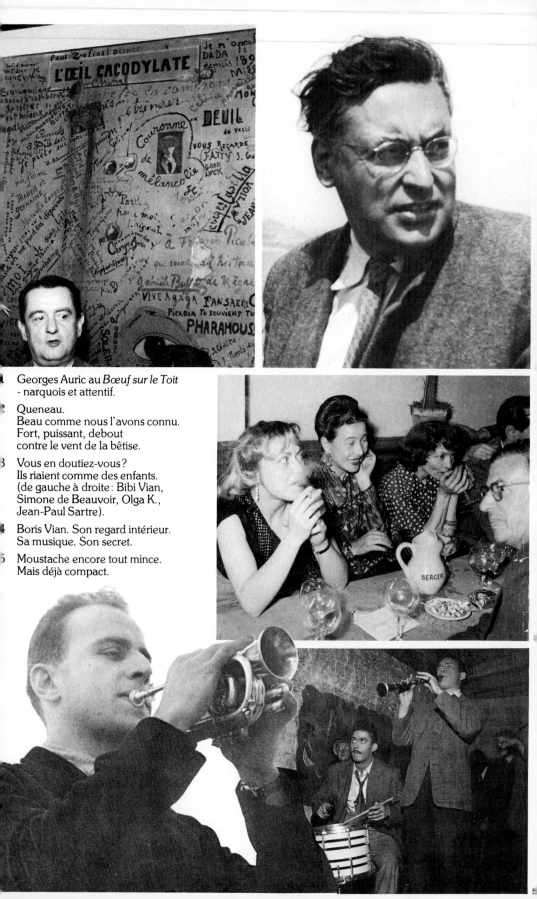

1 Georges Auric au *Bœuf sur le Toit* - narquois et attentif.

2 Queneau.
Beau comme nous l'avons connu.
Fort, puissant, debout
contre le vent de la bêtise.

3 Vous en doutiez-vous ?
Ils riaient comme des enfants.
(de gauche à droite : Bibi Vian,
Simone de Beauvoir, Olga K.,
Jean-Paul Sartre).

4 Boris Vian. Son regard intérieur.
Sa musique. Son secret.

5 Moustache encore tout mince.
Mais déjà compact.

nrf

9 décembre 1957

Chère Juliette Gréco

Vous avez été extraordinaire avec cette Complainte, je vous tire mon chapeau. A la beauté, au talent vous avez joint le courage — c'est épatant.
Je vous remercie et je vous admire

Ymeneau

11 juin 1951

P. Jean Cap Ferret
A. M.

Ma chère Juliette

Naturellement ce sont tes mains qui me protègent et qui protègent Doudou contre les tempêtes de méchanceté et autres maléfices. Tu es un ange d'avoir pensé à moi pendant que je suivais tes métamorphoses dans les magazines — mais on ne peut pas te changer le cœur. La "permanence" est naturelle.
Je t'embrasse Jean

25 Juillet 1950

Je soussigné : J.P. Sartre, chansonnier et auteur
lyrique m'engage à fournir à Juliette Gréco, artiste
lyrique, pour mense, chansons de Charme, une chanson
entièrement écrite de ma main avant le 10 Aout 1950
en foi de quoi j'ai signé

[signature]

Si vous entendez une
voix, qui est l'appel de
l'ombre, c'est celle de
Gréco.....
Si, les yeux clos, vous
entendez la chanson
de votre adolescence
... c'est Gréco.

C'est Juliette Gréco
qui mène la chanson
chez qui la lui récla-
me.

Il serait plus facile
de dessiner sa sédui-
-sante image, dans
le cadre de 170m/m de
haut sur 55mm de
large, que de la décrire.

Pierre Mac Orlan.

1966.

H. Patterson, vingt ans de vie,
de travail et de rires partagés. De complicité.

Mme Simone Berriau regarde Gréco se maquille
dans sa loge du Théâtre Antoine. « Anastasia ».

Maria Callas venait aussi écouter une autre musique...
Celle de Gréco.

Françoise. Françoise : Toutes. Sagan.

1 « Comme il est joli ce petit chien »
semblent penser ces messieurs
de la *20th Century Fox*.
Cary Grant, lui, regarde la demoiselle…

2 Au premier plan le regard aigu
de Georges Pompidou.

3 Inquiète et protectrice cette main
qui aide mais aussi retient.
(Gréco et Darryl Zanuck)

4 Regards échangés ou non !
(Devant Zanuck perplexe,
Gréco entre Tyrone Power et Mel Ferrer)

Huston. Même une mangouste,
même un œuf cassé il séduirait!

Deux drôles de panthères
et un Trevor Howard admirable.

1 Piccoli, Gréco.
Lune de miel à Moscou.
Bel homme n'est-ce pas?

2 Avec François Chaumette dans *Belphégor*
le feuilleton télévisé pour lequel
on refusait des dîners en ville.

3 Jujube est entrée dans le jardin extraordinaire,
dans les bras du jardinier enchanteur de mots.

4 « Le soudain et surprenant désordre »
semble penser en souriant la très belle reine mère
en découvrant la non coiffure de Gréco.

5 *Drame dans un miroir.*
Orson Welles lui-même.

6 Jujube absorbe le flot des paroles
de l'Homme Poète (Jacques Prévert)
comme une silencieuse et noire petite éponge.
Heureuse.

Un piano joue encore quelque part... Gérard Jouannest.

détacher les siens. Une voix à l'accent fort et joyeux lui dit : « Eh bien, Gréco, pendant que les autres prennent des bains de soleil, vous prenez des bains de lune ? » Jujube reste sous le pouvoir du regard de l'homme un instant encore puis cille légèrement des yeux. L'homme rit de toutes ses dents blanches. Elle baisse la tête, il porte un caleçon de bain blanc. C'est Picasso. « Au revoir. » Et il s'en retourne vers la mer, jouer avec un ballon et des enfants. Quel bel été ! pense Jujube.

Dans le même temps, le reportage fait au Tabou, au Flore, au Montana, dans tout le quartier ainsi que dans la chambre de Gréco, avait paru sur plusieurs pages dans *Life Magazine*. Carl Pérutz, grand photographe, avait fait un très beau travail. Anne-Marie l'avait aidé dans ses rencontres et ses découvertes. Il n'avait plus envie de retourner à New York. Il voulait que Gréco l'y accompagne, elle ne voulut pas. Il revint, mais elle continua de secouer négativement la tête et ils se quittèrent les meilleurs amis du monde.

Les Américains déferlaient à l'Antipolis-Vieux Colombier et, les vacances terminées, suivirent le flot vers Paris et le Tabou. Frédéric Chauvelot était aux anges, de même que Badel du Vieux Colombier et Nico de La Rose rouge. La céleste musique du tiroir-caisse jouait aussi pour eux.

Nicolas Papatakis dit Nico, le Grec aux yeux de mer, engagea Gréco pour la rentrée. Flattée, elle accepta. L'affaire n'alla pas sans difficultés car Badel ne l'entendait pas de cette oreille. Mais La Rose rouge, c'était une consécration, la matérialisation d'un rêve. L'ingrate choisit. Nico donna à Gréco un salaire de cinq francs par représentation et de chaleureux encouragements.

Jujube commençait à découvrir un surprenant

aspect de son travail. Une fois encore le spectacle de La Rose rouge était parfait. Un plateau de comédiens surdoués, dirigés par un somptueux Yves Robert, les Frères Jacques, le mime Marceau, et l'orchestre de Michel Devillers, le bourreau des cœurs, avec Guérin à la trompette, Bernard Planchenault à la batterie, Alix Bret à la basse, Maurice Meunier à la clarinette, Géo Daly au vibraphone, et Henri Patterson au piano. Boris disait de Michel Devillers, qu'il aimait beaucoup, qu'il avait les yeux vert wagon. Jujube en connaît quelques-unes qui auraient donné bien des choses pour voyager dans ces wagons-là. Tout cela n'était pas fait pour rassurer une débutante, même si eux non plus n'étaient pas bien vieux dans ce métier.

Après quelques jours, Nico put constater la minceur de la garde-robe de sa chanteuse. Atterré, il l'emmena chez Pierre Balmain. C'était la saison des soldes. Gréco fit quelques tentatives comiques pour entrer dans les robes défraîchies des mannequins et, devant le désastre, une vendeuse navrée arriva avec sur son bras une jolie robe noire sur laquelle était cousue une superbe traîne de satin or moucheté de velours. Gréco renouvela l'expérience sans souffler mot, et Nico parlementa.

De retour dans sa chambre de l'hôtel Bisson, elle sortit de son tiroir une paire de ciseaux vengeurs et à broder, et entreprit de découdre la traîne. Il ne resta, le travail accompli, que le fond noir. Elle l'enfila le soir même, sans prévenir. Nico faillit tomber à la renverse.

La robe noire plut au public qui la trouva originale. Elle l'était ! Jujube la portera toute sa vie de chanteuse. C'est le noir de travail de Gréco. Elle la porte comme on porterait un tableau noir, laissant libre cours à l'imagination du spectateur.

Elle craint de lire ce qu'ils y ont écrit et refuse de l'entendre. Elle a peur. Elle aime le public et le respecte. Elle ne porte jamais de bijoux en scène, chacun est libre de lui en inventer s'il le désire.

Depuis le premier jour ou presque, Jujube seule dans la lumière se sent comme un sapin de Noël tout nu, qui attendrait les guirlandes et les bougies allumées, les cris de joie des enfants, ses bras tendus comme des branches. Dans la Bible il est dit : « Je suis la servante du Seigneur, qu'il me soit fait selon votre parole. » Gréco veut servir. Servir ceux dont les mots sont enfermés entre les pages des livres et qui ont tant de mal à s'en échapper. Ceux qui sont lus par les solitaires jaloux et avares de leur savoir. Elle veut voir voler les mots « libres », délivrés de leur étiquette de « produits de luxe » au seul usage des initiés. Les mots poétiques, la littérature appartiennent à ceux qui ne les connaissent pas. C'est à l'interprète d'organiser la rencontre. Jujube pousse Gréco et lui dicte ses choix. Elle ne chantera que ceux et ce qu'elle aime. Gréco commence sa longue recherche. On le lui reprochera, on la dira dure, hautaine, inaccessible. Intellectuelle. Elle s'en fout. Elle se bat. Pour elle, la mélodie est le meilleur moyen de libérer les mots et de les sortir de leur ghetto, intellectuel justement. Elle chante. Elle jette les mots au visage des gens. Elle veut qu'on l'entende mais il arrive souvent qu'on ne l'écoute pas. Désespérée, elle poursuit son chemin quand même.

Un soir, alors qu'elle vient de sortir de scène à La Rose rouge, Cocteau lui dira : « Tu chantes pour deux cents personnes, il faut chanter pour des millions de gens. » Gréco a compris le sens caché. Cocteau aime Piaf. Jujube aussi aime Piaf mais elle est Gréco. C'est tout. Leur langage n'est pas le même. Gréco n'inspire pas la pitié et ne la cultive pas. Son physique surprend, il inquiète. Elle n'inspire pas la tendresse et on la croit incapable de souffrir. Elle est par trop différente. Elle dérange.

Elle refuse une certaine forme de facilité.

Norbert Glanzberg cherchera Gréco partout pour lui proposer « Padam padam ! » Il la trouvera et essuiera un refus qui le rendra perplexe. « Mais ce sera un grand succès populaire... », dit-il, effondré, à Gréco. « Ce sont des sentiments et des mots que je comprends mal », sera la réponse. « Il n'y a rien à faire de cette fille ! diront les gens de métier. Elle n'a rien compris. »

Jujube continue sa recherche. Charles Aznavour, un jeune chanteur, auteur-compositeur découvert depuis peu par Piaf, travaille avec Pierre Roche et Florence Véran, merveilleuse musicienne. Il lui apporte un soir à La Rose rouge une chanson qu'ils ont écrite pour le concours qui a lieu trois jours plus tard à Deauville. Il ne doute déjà de rien, le génial petit homme... Ce que Gréco ne sait pas, c'est que Piaf a refusé « Je hais les dimanches ». La chanson fera un scandaleux succès de scandale à travers la bouche de Gréco, et elle gagnera le prix d'interprétation non sans avoir inventé du texte à Aznavour pour cause de trac et de manque de répétitions. Jujube s'interroge. Gréco travaille de plus en plus.

Un nommé Jacques Canetti lui proposera un soir d'enregistrer un disque. Elle lui rira au nez. Elle sait qu'elle n'est pas prête. Canetti prendra son mal en patience et arrivera à ses fins. Gentiment, les Frères Jacques serviront de médiateurs. Ils la connaissent bien et savent comment l'aborder. Jujube a pour eux une profonde admiration. Leur travail touche à la perfection dont elle rêve. Leur interprétation des exercices de style de Raymond Queneau est un chef-d'œuvre, entre autres. Un copain de Gréco, Olivier Gilles, un peintre, lui invente une affiche sur laquelle elle apparaît en silhouette, noire, le visage blanc éclairé d'un seul œil. Gréco sera la première ou l'une des premières à enregistrer pour une nouvelle marque de disques : Philips.

L'enregistrement de Jujube est mauvais, mais c'est le premier et il plaira. Elle en fera donc d'autres. Sa recherche devient de plus en plus passionnante. Maintenant, des poètes et des écrivains lui proposent des textes. Elle sait déjà dire non. C'est sans doute la seule chose qu'elle n'ait pas besoin d'apprendre.

Jujube, en compagnie de Jean-Pierre Vivet, se réfugie souvent à la Rhumerie martiniquaise. L'endroit est calme et la conversation possible. C'est là qu'il l'a présentée à Albert Camus.

Quand elle y va seule et que Camus s'y trouve, elle le regarde et l'écoute parler de loin. Il lui a fait souvent signe mais jamais elle ne répondit que par un sourire et un prompt départ. Elle ne voulait que l'entendre.

Ce passé si proche, avec ses « trop » qui sont presque tous morts, ces « riens » qui ont fait l'histoire, ce passé qui se profile sur la toile de fond de ma mémoire, me donne envie à moi, Jujube, de ne parler de personne ou seulement de ceux pour qui j'ai amour et respect, mais les œuvres de ces femmes et de ces hommes sont dans les musées, les rues, et toutes les bonnes librairies.

Pourquoi ne pas vous y reporter si ce n'est déjà
fait ?

Jean-Paul Sartre était un homme. Généreux,
joyeux. Il était la jeunesse. Il l'est resté jusqu'à la
fin de sa vie. Pour lui, chacun était important. Il se
donnait la peine d'écouter et de répondre. Simone
de Beauvoir agissait de même manière, sans
ostentation, sans discours inutiles, stériles. Avec
humour. Ce sont des humains intègres, exigeants,
et d'une grande rigueur. Rares. Sartre a été un peu
agacé par cette publicité vivante pour une philosophie qu'était le personnage de Gréco. Philosophie que peu de gens à cette époque commen-
çaient d'aborder sérieusement. Sartre fit à Gréco
le cadeau le plus précieux qu'elle reçut jamais :
une lettre admirable qui lui sert encore de passeport aujourd'hui. Il savait qu'elle n'était ni com-
plice ni responsable de ce phénomène publicitaire. Jujube a été choisie, désignée. Implicite-
ment. Elle est devenue Gréco. C'était son nom. Le
nom de son père. Elle se savait Jujube.

Créé par une presse amusée et intriguée, Saint-
Germain devint pour quelques années le centre du
monde artistique et littéraire, un lieu de rencontres privilégiées. Mais sous un amas de mensonges
et de spéculations, il y avait une réalité. L'inquiétude. L'inquiétude de ceux qui se cherchaient avec
le désir fou de la rencontre de l'amitié et du
partage, de l'échange, le rire cruel de la jeunesse et
l'apprentissage de notre liberté toute neuve. Nous
jouissions du mot « libération » jusqu'au bout de
ses significations.

Le Brésil. Le premier milliardaire de Gréco.
Des orchidées et des bijoux dans les chaussu-
res. Sartre à Juan-les-Pins. « La Grande
Pointe. »

Le Brésil est son premier contrat en dehors de
La Rose rouge.

Gréco est convoquée place Vendôme par
Mme Schiaparelli à cette occasion. Mme S. a pris la
décision de lui offrir une garde-robe complète
dont chaque modèle correspond à la vie et à
l'emploi du temps de celle qui est Gréco (dans sa
tête de couturière géniale, mais peut-être igno-
rante de l'état de misère matérielle dans lequel se
trouve Jujube). Gréco assume et, comme le dit
Sartre, « elle s'assume à partir du regard des
autres » comme étant Gréco. Pourquoi les décevoir ?...

Elle se laisse photographier avec au cœur une
douleur secrète, celle de la certitude qu'elle a de
ne pas être belle, mais avec aussi ce sens bizarre
de l'esprit d'équipe et de la dérision d'elle-même
qui la caractérise. Jamais elle ne croira que c'est
d'elle qu'on parle quand la critique est au beau
temps... Cela, de toute manière, n'arrivera que
dans bien des années.

Pour l'instant, après vingt-quatre heures de
voyage en avion, le premier de sa vie, elle arrive à
Rio de Janeiro. On lui a donné une interprète à son

départ de Paris. Une jeune femme charmante, une Française parlant parfaitement le portugais. Heureusement.

Au pied de l'avion, une foule de journalistes attend Gréco ! Jujube est stupéfaite. La dernière marche de la passerelle descendue, on l'engouffre dans une Cadillac. Direction l'hôtel. Arrivée fleurie et courtoise. Le propriétaire de l'hôtel est un vieux monsieur viennois (dit-il), le baron von Stuckart. La salle de spectacle se trouve au rez-de-chaussée de l'hôtel. M. le baron parle très bien le français. Jujube devient méfiante. Le lendemain soir, celui de ses débuts, apporte avec lui une étrange rumeur qui monte de la rue. Une incroyable foule de gens bouche l'accès de la porte d'entrée de l'endroit où Gréco doit chanter. Ils veulent assister coûte que coûte au spectacle... Jujube n'en croit pas ses oreilles. Elle a raison.

En traversant l'Atlantique, les nouvelles se sont transformées... Ils attendent que la chanteuse existentialiste chante nue... elle qui est toujours vêtue de noir des pieds à la tête ! Gréco commence d'apprendre l'humilité à l'intérieur de son métier. Elle chantera tout habillée, dans un brouhaha de volière, plumes et accent compris.

Le deuxième jour, ils reviendront et elle fera la connaissance des poètes et des musiciens brésiliens. Son contrat sera prolongé de deux mois.

Elle trouvera des orchidées, des bijoux dans ses chaussures, quand elle veut les reprendre le matin devant sa porte. On mettra une limousine à sa disposition pour lui permettre d'aller où elle le désire, on la demandera en mariage et elle constatera qu'il n'y a pas qu'en France que les hommes sont charmants, mais totalement inconscients. Elle ira se baigner seule et cherchera des cadeaux pour les offrir à ceux qu'elle aime. Jean Manzon, grand journaliste et correspondant du journal *Match* lui fera découvrir les somptueuses fleurs sans odeur de la forêt sombre, les oiseaux libres qui ressemblent aux fleurs mais qui volent, les écoles de samba. A l'occasion des fêtes qui marquent l'élection du nouveau président Varga, on invitera Gréco à chanter dans les jardins de la résidence présidentielle. Elle mettra sa belle robe de velours noir et son immense écharpe de soie rouge. Un général français et facétieux militaire lui demandera si elle est décorée de la Légion d'honneur... Navrée, elle lui fera réciter la litanie de ses décorations pendantes en guise de punition.

Au bout de trois mois, elle repartira, heureuse de ses découvertes et impatiente de rentrer, de retrouver les siens. Un prétendant têtu et milliardaire fera deux fois le voyage Rio de Janeiro-Paris pour essayer de décider Gréco, les poches pleines de pierres précieuses gonflées comme celles d'un tablier d'écolier, il tentera de séduire son entourage, rien n'y fera. Il repartira seul, les poches plates. Quand même.

Pour gagner de l'argent, Gréco chante chaque soir dans trois endroits différents. Les cachets sont minces et les envies de vivre démesurées. Elle commence par Bobino, puis voyage sur la rive droite chez Carrère et retourne à La Rose rouge pour terminer sa soirée. La nuit lui appartient à partir de cette minute.

L'été suivant, le diable soleil est de retour et chatouille sa peau. Badel renouvelle l'invitation, mais cette fois rémunérée, non logée, non nourrie. Gréco trouve une voiture pour les descendre, Anne-Marie et elle, dans le Midi. C'est celle d'un ravissant garçon blond, Jacques Sernas, qui

débute dans la carrière cinématographique et qui
est épris de Gréco. Il est accompagné dans ce
voyage par un hirsute rouquin irlandais qui casse
les oreilles de tout le monde en chantant sans
trêve des ballades folks. Bourdonnantes, Anne-
Marie et Jujube débarquent à l'hôtel Provençal.
Décontractées. Les garçons ont retenu une chambre, elles pas. Elles finiront dans les combles avec
les chauffeurs de maîtres qui leur jettent des
regards surpris, et pour voir la pinède elles monte-
ront sur un tabouret. Le tout concordant parfaitement avec leurs possibilités financières.

Le soir de leur arrivée, elles ont l'occasion de
transformer le regard soupçonneux du concierge
doré sur tranche en sourire gracieux. Étonné
certes, mais gracieux. Florence Gould, la femme
qui a épousé le roi des chemins de fer américains,
princesse de Juan-les-Pins, les a priées à dîner
chez elle.

Passeport. Elles se rendront donc à cette invitation dans la maison au bord de la mer qui clapote
contre ses murs. C'est une maison démodée, un
brin triste, mais qui, contrairement à bien des
maisons appartenant à des gens fortunés, a une
sorte d'âme, peut-être un peu fatiguée, mais présente. La soirée est tranquille et se termine dans
les jardins du casino comme il y a trente ans et
depuis trente ans. L'orchestre joue les airs favoris
de Mme Gould et les clients en tenue de soirée
dansent et boivent du champagne, immuables,
dirait-on, eux aussi.

Cazalis et Gréco repassent la tête haute devant
le concierge de nuit du Provençal avant de regagner leur galetas. Elles savourent l'instant. Gréco
chante afin de gagner l'argent indispensable à leur
séjour et Jujube regarde autour d'elle.

Sartre arrive à Juan-les-Pins avec dans ses poches deux chansons pour Gréco : « Ne faites pas suer le marin » et « La perle de Passy ». Elle est folle de joie. Elle confiera les textes à quelqu'un de ses amis, musicien, ils seront perdus à tout jamais. Sartre ne possède pas de double et ils sont manuscrits... Volés ? Gardés ? Jujube sera triste. Elle perdra non seulement deux merveilleuses chansons, mais, qui plus est, un ami. On lui avait bien dit de ne faire confiance à personne dans ce métier ; elle n'y a pas cru. Aujourd'hui elle doute. Pendant plus d'un an, on lui a fait croire que la musique était presque prête. L'était-elle ? Elle n'en saura jamais rien. Méchante mutilation. Cruelle.

Adry de Carbuccia a appris par les gazettes la présence de Cazalis et Gréco à Juan-les-Pins. Elle les invite à venir passer quelques jours chez elle dans sa propriété de Sainte-Maxime. Jujube est réticente mais la curiosité l'emporte. « La Grande Pointe » est située à un endroit extraordinaire de beauté et la maison respire le luxe et le raffinement de bon aloi. Les bâtiments dominent la baie de Sainte-Maxime et font face à Saint-Tropez. Jujube entreprend illico d'en faire le tour. C'est la fin de la journée, l'ombre des zinias de zinc, comme tous les zinias, se reflète dans les plates-bandes sages et un jardinier arrose leur raideur. La mer est turquoise et le bateau blanc d'Adry s'y balance mollement en l'attendant.

Sont déjà là Maurice Clavel et Silvia Monfort, laquelle revient d'une promenade solitaire et tend une fleur à son époux Clavel en disant de sa voix brumeuse : « J'ai volé cette fleur pour toi à la

montagne... » Jujube en reste pantoise et l'exoti-
que Ophélie disparaît sous les arcades qui cernent
la piscine.

On installe Jujube dans l'une des chambres dont
les portes donnent sur ces arcades. Une chambre
de petite sirène. La lumière sort de coquillages
rosés et les murs ont l'air d'appartenir à la mer.
Pour le dîner, leur hôtesse s'habille de longues
robes vaporeuses et éclaire ses mains de superbes
bagues, son cou de perles ou de pierres précieuses ;
ses poignets minuscules s'alourdissent de pesants
bracelets. Allongée dans une chaise longue en
buvant du vin d'orange dans des gobelets dorés ou
assise à sa table de marbre blanc dressée dans le
patio pour les repas, elle est demeurée dans son
époque. Les coussins de toile blanche portent
encore le nom du journal de son mari, Horace de
Carbuccia : *Gringoire*. Horace a disparu,
condamné à mort par contumace à la Libération.
Pour cause d'intelligence avec l'ennemi, Horace a
disparu. Il est invisible et présent à la fois, on se
sent surveillé par l'absent. Philippe Duseigneur de
la famille du Général promène son élégante silhouette autour de la piscine tout en discutant avec
Christian de Galéa, petit-fils de la célèbre dame
collectionneuse d'automates et après le dîner tout
le monde va danser dans les boîtes de nuit à la
mode.

Jean-François Noël pousse des cris entre deux
ouvrages historiques et écrit, Adry produit des
films avec l'aide d'un fringant et jeune garçon
(devenu depuis grand producteur lui-même),
Roland Girard. Ils feront ensemble la série des
« triporteurs » avec Darry Cowl, touche-à-tout de
génie, avec Fernandel, le magnifique *La Vache et
le Prisonnier*, et tout ira bien jusqu'au jour où une

malheureuse superproduction à l'américaine viendra porter un coup bas à leurs possibilités financières. Adry sera malheureuse, mais jamais vaincue.

Pour l'heure, tardive, Gréco s'est mise à danser et à faire virevolter ses jupons. Elle porte des robes serrées à la taille et fait tournoyer férocement les volants et les sentiments vrais ou faux de ces messieurs ses soupirants. Elle commence à se tailler une réputation de cruelle bien méritée. On la traite de « femme fatale » et cela paraît vraisemblable. Quelques suicides ratés et deux réussis viennent étayer fortement sa naissante légende. Elle s'en moque. En vérité, elle n'y croit pas. Elle ne se croit pas capable d'inspirer les ou la passion. La première fois qu'un homme lui dira qu'elle a de beaux yeux, elle lui éclatera de rire au nez et s'en tirera par une pirouette.

Cet été-là, elle continuera de se baigner seule et ne se fera voir en maillot de bain que par surprise. Elle restera perplexe devant le deux-pièces restreint que porte sans complexes la maîtresse de maison. Perplexe et admirative.

Un soir, une dame fort élégante venue rendre visite à Adry, son verre de xérès à la main, admire le panorama à la lumière de la tombée du jour. Elle scrute l'horizon et juste en face, Saint-Tropez. La mer reflète un ciel inhabituellement gris. Bon chic, bon genre, la dame.

« Quelle merveille, dit Anne-Marie, on dirait un Boudin.

— Vous trouvez ? dit la mondaine personne, songeuse. Je trouve que ça ressemble plutôt à du gruyère. » Anne-Marie s'étrangle derrière sa main, cachant sa bouche, et Jujube ricane franchement. Adry change vivement de conversation et branche

ses invités sur la possibilité d'une promenade en
mer le lendemain. Elle a le pied marin. Le lendemain la tramontane se lève avant tout le monde et
Jujube laisse les autres braver les flots. Elle
préfère le bruit des vagues lointain, inoffensif, la
porte de sa chambre ouverte, étendue sur son lit, à
l'abri dans la maison.

A Saint-Tropez, les Parisiens affluent. Gréco
retrouve Annabel et son ami Marcel Lefranc. Ils se
promettent de se revoir souvent et Gréco ne
soupçonne pas la place qu'il prendra dans sa vie.

*Henri Patterson. Marc Doelnitz et les bals.
Astruc et* Le Masque de fer. *L'Amérique et
Jujube. Le nez de Gréco.*

Les vacances touchent à leur fin. Le diable soleil
partira bientôt briller ailleurs. Anne-Marie et
Gréco retrouvent Paris aux couleurs de l'automne.
A La Rose il y a un nouveau spectacle : *Fantomas.*
L'orchestre de Michel de Villers est au grand
complet et Henri Patterson règne en contrebas sur
son piano. Il n'y a pas assez de place sur la scène.
C'est lui qui accompagnera Gréco dans son tour de
chant et cela durera plus de vingt ans. Gréco est
totalement sincère dans son travail et ses rires
avec lui. Avant qu'elle n'entre en scène, derrière le
rideau, elle s'accroupit et soulève un pan pour voir
celui que tendrement on appelle Pat. Il lui joue
une petite musique qu'il a inventée pour la faire
rire et conjurer sa peur : « La marche du chat. »
Et elle rit. Le chat danse sur le clavier et remplit
Jujube d'enfance. Pat est un merveilleux compa-
gnon. Ils ressemblent à un couple bien uni, sans
doute parce qu'ils n'en sont pas un. Ils n'auront
aucune passion pour venir troubler leur amitié. Ils
vivront ensemble, parallèles, mais sachant trouver l'instant et le point précieux de la rencontre et
de l'échange dans la parole. Leur complicité sera
totale. Hors du normal. Luxueuse. Il disparaîtra

un jour de la vie de Gréco. Elle le voudrait
heureux. Leur passion commune était celle de leur
métier, ils ont donc vécu très heureux et n'ont eu
ni l'envie ni l'idée de faire des enfants.

La rentrée s'annonce agitée. Le Tabou est
devenu infréquentable. La foule pourchasse Anne-
Marie, Gréco et Marc qui n'en peuvent plus et
décident de ne plus mettre les pieds dans cet
endroit.

Frédéric Chauvelot, encore lui, a depuis quelque
temps repéré un local rue Saint-Benoît, à deux
enjambées du Flore, des Deux Magots et du
Montana. Idéal. La petite troupe commence les
travaux d'aménagement sous la haute direction
de Marc et, après de nombreuses et joyeuses nuits
d'insomnie, l'ouverture aura lieu en juin 1948.

Le succès est immense pour les organisateurs et
Marc commence l'ère de grâce des fêtes et des bals
costumés. En haut de l'escalier qui descend vers le
nouveau paradis nocturne, se tient le portier,
François de la Rochefoucauld. Sous sa casquette,
chacun ne savait trop à quoi il pouvait bien ne pas
penser.

Les cheveux blond doré roux de Marc bou-
claient de plaisir quand il voyait arriver sur leurs
talons aiguilles, encombrées par leurs robes new-
look de la saison précédente, quelques duchesses
de sa collection privée, glissant dans l'escalier en
poussant de petits cris de jeunes filles effarées et
toussant comme de vieux généraux tant la fumée
était épaisse. Elles côtoyaient avec ravissement
« ces grands Noirs américains » qui venaient se
délasser en compagnie de leurs copains musiciens.

Pierre Michelot derrière sa contrebasse à
laquelle il commence à dangereusement ressem-
bler, Martial Solal concentré sur le clavier de son

piano magique, Sacha Distel, jeune pâtre brun et
bouclé (russe et non grec) convoité comme accom-
pagnateur à la guitare par le grand Stéphane
Grappelli, mais dont les jeunes femmes remplis-
sent par trop l'esprit et le corps pour qu'il prenne
une décision aussi grave. Il gagnera un concours
de guitaristes choisis parmi les meilleurs, et se
dévouera à ce merveilleux instrument pour son
compte et avec un très profond bonheur. Il chantera plus tard. Les distingués frères Fol, Raymond,
et Hubert au saxophone alto dont il joue fort bien,
pouvant se mesurer aux Américains, participent à
des concerts avec Kenny Clarke à la batterie ou
Coleman Hawkins au saxo ténor sans compter
Dom Byas (que les femmes risquent fort de perdre
à jamais ainsi de même que la pêche à la ligne)
qui, pour ces amours diverses, choisira de ne plus
jamais quitter la douce France bien qu'étant l'un
des trois grands du saxo ténor avec Lester Young,
le troisième étant Coleman Hawkins. Benny Vas-
seur au trombone, le tendre René Urtreger, pianiste, qui promet et qui tient ses promesses. Bien
d'autres encore. Tous ces hommes, ces très jeunes
hommes, sont ou deviennent les amis de ce que le
jazz nous envoie de meilleur existant de l'autre
côté de l'Océan. Cet ailleurs qui a fait rêver leur
génération. Max Roach, Duke Ellington, Charlie
Parker, le Modern Jazz Quartet, Miles Davis...
L'atmosphère est survoltée. Ils jouent de toute
leur âme, de toutes leurs forces. Épuisés, ils ren-
trent en chantonnant, titubant de fatigue et de
plaisir partagé.

Marc Doelnitz remet les années folles à la mode,
organisant un splendide bal costumé sur ce
thème. Il fourmille d'idées. Il est la grâce et
l'apparente légèreté. En vérité il est tendre et

inquiet. Il atteindra son propre sommet avec le bal de l'Innocence. Anne-Marie arbore une couronne de première communiante et son air le plus fourbe ; Marc, en costume de garçonnet, croix d'honneur pendante, fait férocement gigoter le Gotha sur la piste de danse ; Jujube en petite fille modèle finit par être comique ; Boris Vian, pantalons retroussés au-dessus du genou, joue du pipeau sous l'œil attentif de Claude Mauriac et sous celui, narquois, de Jean Cau « le-secrétaire-séduisant-mais-efficace-de-Jean-Paul-Sartre ». Après un édifiant défilé de concurrentes, Édith Perret, collant rose et tunique ultra-courte, sera sacrée Miss Innocence tard dans la nuit par un jury composé de Félix Labisse (qui n'en rate pas une), Pierre Brasseur qui rugit comme un grand fauve, France Roche jolie comme le péché, François Chalais et son indéfinissable sourire, et bien sûr Frédéric Chauvelot.

Pendant les très longues délibérations, Alexandre Orson William S. Astruc mijote tout en sirotant avec Nicole Védrès et Cravenne accompagnés de Roger Leenhardt. Soudainement, un grand éclat de voix vient de leur table, couvrant le vacarme : Astruc parle ! Les mots sortent de sa bouche en se bousculant. Tout ce beau monde se couchera au soleil levé et Astruc regagnera sa chambre du Montana et son lit. Son célèbre lit où, étalé et la tête recouverte d'une étoffe, il faisait le « Masque de fer », disait-il. C'était sa manière à lui de se concentrer, mais le sommeil le surprenait au plus profond de sa méditation et le génie s'endormait tel un humain vulgaire, en ronflant. Le tout pour la plus grande joie de Gréco et d'Anne-Marie qui avaient surpris le manège depuis longtemps et étouffaient leurs rires pour ne

pas troubler le sommeil et les rêves du « monstre », comme le surnommait, non sans tendresse,
Anne-Marie.

Cela dit, il était bourré de talent et Jujube
donnerait beaucoup pour pouvoir regarder
aujourd'hui le visage de Lacan et celui de ses
élèves en train de visionner l'une des séquences du
fameux *Aller et Retour*. Elle voudrait tant savoir ce
que les autres ont vu de sa jeunesse et de celle de
ceux qu'elle aimait.

Jujube se trouvait physiquement laide et tentait
de masquer son inquiétude par un maquillage
horriblement maladroit et lourd. Simone Signoret, un jour, vint rendre visite à la petite équipe
qui tournait rue Saint-Benoît *Ulysse ou les mauvaises rencontres* sous la férule d'Astruc, et donna
quelques conseils à Gréco, gentiment. Jujube
silencieusement désespérée regardait l'admirable
visage de son amie Simone. Elle était persuadée
que rien ne saurait arranger le sien. Simone ne
s'en aperçut pas et ajouta : « Si tu veux vraiment
raccourcir ton nez, il faut mettre un peu de rouge
au bout. »

Jujube le fit. Si mal qu'elle avait l'air d'un
clown triste et blanc. Le nez vermillon. C'était en
noir et blanc. Heureusement.

Ce nez, il en aura fait couler de l'encre d'impri-
merie, il en aura soulevé des polémiques ! Mais
personne n'a jamais compris la véritable raison de
sa transformation, personne ne pouvait se douter
de la réalité secrète.

J.-P. W., l'homme qui était l'amour mortel de
Jujube, l'avait un jour invitée à partir avec lui
pour l'Italie où il devait prendre possession d'une

nouvelle Alfa Romeo. Jujube le suivit sans penser à ce qu'elle laissait derrière elle et sans prévenir personne. Elle planait.

En Italie, le bagagiste n'eut rien à mettre sur son chariot car Jujube n'avait pas de valise. Un petit sac se balançait fièrement au bout de son bras, et c'était tout. Le bagagiste se chargea des valises de J.-P. W. Ils déjeunèrent sur la terrasse de l'hôtel, longuement, bavardant et riant. Elle découvrait de nouveaux mets, de nouveaux goûts, de nouveaux plaisirs. Elle était heureuse. Revenus dans leur chambre, J.-P. W. donna quelques lires à Jujube, car il devait s'absenter, et il lui demanda si elle avait l'envie d'acheter des chaussures. Elle secoua la tête de haut en bas en signe d'acquiescement, sans honte. Elle traîna devant les vitrines et finit par choisir une paire de sandales blanches à lanières de cuir qui venaient de Capri. Elle rentra les pieds ornés, satisfaite. J.-P. W. ne le fut pas. C'était trop peu. Il ne comprenait pas qu'elle n'avait besoin de rien d'autre et qu'elle se sentait à l'aise telle qu'elle était. Il lui fallut s'expliquer, il comprit presque. Mais son regard vert pâle resta interrogateur.

Ils repartirent dans la rapide Alfa Romeo bleu sombre et qui sentait bon le cuir neuf. J.-P. W. décida qu'ils passeraient par la Côte d'Azur et feraient halte à l'hôtel du Cap, au cap d'Antibes. L'endroit à cette époque printanière était relativement peu fréquenté et ils purent se promener sans crainte aucune dans les allées du parc, se tenant par la main et faisant des projets d'avenir comme tous ceux qui s'aiment.

Le dernier jour, Jujube partit avant que J.-P. W. ne s'éveille pour aller se glisser entre deux rochers, dans un creux, et prendre le dernier soleil déjà chaud. Étendue, elle referma les yeux sur les images éblouissantes du bonheur partagé avec l'homme. Éveillé par l'absence, il arriva derrière elle silencieusement et, se penchant, il posa son index sur le nez de la jeune fille. Elle ouvrit les yeux et entendit la terrible petite phrase : « Comme il est long ce beau nez ! » Jujube referma les paupières sur les larmes qui voulaient s'échapper et se jura qu'elle changerait ce détestable objet de chagrin. Elle ne put assumer les frais de l'opération qu'après la mort de l'inconscient et mit, en dépit de l'absence physique du principal intéressé, son projet à exécution.

Le premier nez fut une catastrophe, le deuxième aussi. Le troisième fut récupéré par la main magique et britannique de sir Archibald Mac Indoe, chirurgien célèbre par ses travaux effectués sur les grands brûlés de la face au cours de la dernière guerre et pour ses découvertes concernant la chirurgie esthétique en général.

Gréco n'y pense plus jamais à ce nez qui est redevenu celui de Jujube. Gréco sait que l'aspect physique est une arme terrible. Elle est contente de n'être pas à son goût, de ne pas se trouver belle et de pouvoir de ce fait tranquillement vieillir.

A l'intérieur de sa tête Jujube est intacte et peut tout se permettre. Elle est invisible. Elle en profite.

Le temps s'écoule et Gréco se transforme. Ses copains regrettent ses rondeurs d'adolescente. Elle voyage, fait le tour du monde et s'habille chez Chanel. Elle est parfois seule le matin à l'heure de ses essayages, à l'exception de Mademoiselle qui, chapeautée, bottée, le sac en bandoulière et l'épingle à nourrice retenant le devant de la jupe de son petit tailleur, assise sur une marche de son escalier miroir, surveille le salon.

Mademoiselle s'étonne de la voir si tôt levée et commence à vitupérer contre les femmes paresseuses qui n'ont rien à faire de la journée mais ne peuvent pas se lever le matin...

Jujube se sait horriblement nonchalante mais n'ose rien dire pour dissuader la très géniale Mademoiselle. Lâchement et pour en finir au plus vite, elle se tait en regardant dans la glace à trois faces le reflet descendu de son observatoire et qui, brandissant une paire de ciseaux, coupe sévèrement sous les yeux du personnel muet lui aussi. Terrorisé. D'autres séances, plus fréquentes, se passent sans la présence du juge suprême et tout le monde bavarde, respire et s'amuse, l'humour pointu comme les épingles de Margot et de Jean, sous l'œil tendre de Madame Suzanne, vendeuse douce et souriante. Gréco devient une femme élégante. Elle ne laisse à personne le soin de choisir pour elle mais elle sait écouter les avis et les conseils. Elle est orgueilleuse, pas vaniteuse. Elle sait trop bien ce qu'est l'humilité devant le travail des autres.

« *April in Paris* » *à New York au Waldorf Astoria en 1952.*

Dès les premiers jours, Maurice Carrère a fait confiance à Gréco. Il prépare en cette année 1952 le bal « April in Paris », événement pour milliardaires en mal de bonnes œuvres, mais qui permet de monter des spectacles exceptionnels. Maurice Carrère est maître en la matière. Il demande à Gréco de venir chanter là-bas, de l'autre côté de l'Océan, « Je serai là, tu n'as pas à t'inquiéter », et il sourit de telle façon que Jujube oublie sa peur. Elle ira. Elle ne dort plus très bien jusqu'au jour de son départ. Elle imagine l'inimaginable et, par un beau matin ensoleillé, après une traversée mouvementée où elle est restée huit jours les bras en croix sur son lit, dans sa cabine, en proie à un indescriptible mal de mer, elle débarque dans le port de New York, blême, la jambe molle mais les yeux grands ouverts.

Pour ce premier voyage aux Amériques, les bagages de Gréco sont minces. On lui a donc confié une valise pleine de costumes pour le show. L'œil du douanier repère illico la faille et, fixant une Jujube inconsciente, lui demande d'ouvrir l'objet de ses soupçons. Elle ignore totalement quel en est le contenu et, tranquille, soulève le couvercle : vingt-cinq ravissants cache-sexe minuscules et autant de bouts de seins assortis, chatoyants et emplumés s'offrent aux yeux du douanier comme autant d'oiseaux endormis. Le douanier prend une plume entre le pouce et l'index et secoue doucement pour faire voleter. Le douanier rigole comme un douanier. Jujube est consternée.

« Qu'est-ce que c'est ? demande l'homme hilare.

— Un costume de scène, répond Jujube dans un souffle.

— Ah ! » Et le sourire de l'homme s'élargit dangereusement. « Et ça se porte comment ? »

Jujube pose le maudit triangle sur sa place et l'homme s'épanouit. « C'est français ! Tht... Tht... That's french ! » Enchanté le douanier...

Jujube est française et écarlate. Elle récupère l'oiseau de malheur, le fourre dans la boîte à malice et, traînant la valise de la honte, se dirige les yeux baissés vers la sortie, accompagnée par des sifflets joyeux. Elle ne connaît pas encore la réputation des femmes françaises à l'étranger, mais eux ne connaissent pas encore le caractère cogneur de Jujube.

Le Waldorf Astoria est une ville dans la ville. A son arrivée, Jujube découvre une centaine de dames nasillardes, chapeaux fleuris, étoles de vison, qui bloquent le hall et au travers desquelles il est difficile de se frayer un passage. « Ce n'est qu'un déjeuner de femmes », lui dit le porteur constatant l'expression de perplexité qui se lit sur son visage. Sur cette explication, Jujube referme sa bouche qu'elle tenait ouverte en forme de O majuscule depuis l'instant où elle avait mis les pieds dans la volière. Elle n'a pas fini de poursuivre cet exercice. Surprise Jujube. Étonnée vraiment.

Elle prend possession de sa chambre et trouve sur la table une note donnant l'emploi du temps prévu et les renseignements utiles. Elle fonce à la salle de répétition et retrouve Maurice Carrère baignant dans les gazes et les mousselines, répondant à tous et n'ayant pas perdu pour autant son sourire. Les Frères Jacques sont arrivés eux aussi, avec Jean-Pierre Aumont, Claude Dauphin, Anne Vernon et Jean Sablon, qui participent aux sketches joués par la haute société new-yorkaise, relatant les moments les plus spectaculaires de l'histoire de France. Pas un nom du *Who's Who* ne manquera à l'appel, pas le plus petit Vanderbilt, pas la moindre star. On verra même Charles Boyer discutant pendant les temps de pause avec Jacques Charon et Mony Dalmès, et attendant Rex Harrison et sir Laurence Olivier. Jujube a tous ses sens en éveil.

Pierre Balmain habille la Gréco que Maurice Carrère veut présenter aux Américains. Elle apparaîtra telle qu'en elle-même, vêtue de sa robe noire (en solde), puis la lumière s'éteindra quelques instants, et par un subtil jeu de boutons-pression, elle réapparaîtra dans un flot de lumières, moulée par un fourreau de lamé or laissant ses épaules et ses bras nus... Il lui faudra alors chanter. Pas très à l'aise la pauvre Jujube. L'effet de surprise est assuré. La robe d'or est à ses mesures et Pierre Balmain en costume de Roi-Soleil mettra la dernière main à un ourlet déjà parfait. Le temps des soldes est terminé. Elle va commencer à imprégner des habits neufs de sa propre odeur. Sans précédent et sans mélange. Luxe.

L'agitation est à son comble à l'intérieur de la ville-hôtel. On attend la reine Juliana de Hollande et son époux le prince Bernhardt, mais la fatalité veut que les éléphants qui font eux aussi partie du spectacle arrivent dans le même laps de temps. Encombrement assuré. Fort judicieusement, on s'arrange pour faire entrer les éléphants les premiers. C'est Elsa Maxwell qui sera juchée sur le dos de l'un d'entre eux pour les besoins de la charité show... Le couple royal est légèrement surpris à son arrivée de constater que la totalité des tapis ont été roulés le long des murs de l'antichambre de la salle de bal. Un photographe est là, prêt à fixer l'événement sur sa précieuse pellicule. Le prince intrigué lui demande : « Pensez-vous vraiment, monsieur, que les éléphants sont passés par là ? — Ils sont passés, Votre Majesté, je puis vous l'assurer », répondra Zerbe, le grand photographe au comble de l'embarras. Il en avait les preuves !...

La presse s'emparera de la nouvelle avec délices et Maurice Carrère rira beaucoup.

Maurice Carrère a toujours porté bonheur à ceux qu'il aime. Il est drôle sans méchanceté ni perfidie, jamais il n'est fielleux comme souvent le sont ceux dont on dit qu'ils ont de l'humour. Son humour à lui est sans bassesse. Le spectacle sera un véritable triomphe.

Cinq des plus grands couturiers de l'époque ont créé pour la circonstance huit robes chacun. Un grand et tout jeune homme long, follement élégant, y fera ses débuts aux côtés de ses prestigieux aînés : Hubert de Givenchy. Simplicité et splendeur de la haute couture française : Christian Dior, Jacques Fath, Jean Dessès et Pierre Balmain.

Bijoux aussi, présentés sur des mannequins chapeautées par Paulette et moulées dans d'indiscrets collants noirs ruisselants de pierres précieuses.

Le premier contact avec l'Amérique sera à la mesure du rêve des enfants de cette époque. Gréco connaissait les musiciens, ils étaient ses amis, ses compagnons de jeux et de rires, ils étaient noirs pour la plupart et elle ne les verra pas. Elle n'aura pas le temps de savoir pourquoi.

Il lui faudra repartir pour Paris dans les plus brefs délais. Elle doit travailler. Sa première tournée en France se fera en vedette américaine de Robert Lamoureux. Tournée Jacques Canetti. Elle souffrira Gréco! Elle se fera siffler, sortir, on lui lancera des pièces de monnaie sur la scène de l'Alcazar à Marseille. A Béziers, dans les arènes, il lui faudra parcourir une trentaine de mètres avant d'atteindre le micro, sous les huées d'un public venu pour entendre Robert Lamoureux. Elle chantera quatre chansons, la gorge pleine de larmes, les yeux ruisselants. A la quatrième chanson elle décidera qu'en ayant fini avec cet affrontement il lui faudra refaire le chemin en sens inverse, le dos tourné vers le public vainqueur. Elle sortira à reculons. Elle fera face. Soudainement, ce même public se mettra à hurler son nom. Elle doit revenir. Elle tremble. Elle retourne à son micro et chante une dernière chanson dans un relatif silence. Elle se retirera pour ne plus revenir. Le public scande son nom, ayant fait volte-face, dangereux comme la mer. Cicatrices. Mais avant tout, blessures.

Gréco gardera toujours le souvenir du non-succès. Du refus. Le succès ne servira jamais de remède à l'insuccès. Elle cherchera toute sa vie le chemin qui mène à la rencontre avec l'autre, celui que l'on nomme public. Celui aussi que l'on nomme le « partenaire »...

Quelques voyages.

Cette envie, cette envie de dire certaines choses
que l'on considère soi-même comme trop précieuses, enfin, vécues dans le secret pour la protection
de l'autre, et de ce fait données parce que possédées, et parce que possédées non point inavoua-
bles, mais « uniques », uniquement réservées à la
personne concernée et à son partenaire.

Ah ! le partenaire... Combien il doit être difficile
d'être l'autre. Le choisi. L'être choisi doit en
garder un souvenir indélébile. Heureux ou douloureux.

Jujube a toujours eu un comportement clair.
Elle a toujours imposé son désir ou son non-désir
refus. Violent.

Il est vrai qu'elle est violente.

Elle est capable à l'aube de sa carrière de
femme, en entrant dans un endroit public, de jeter
son dévolu sur qui lui plaira et de mener à bien
son projet. Un soir, un de ces soirs brûlants et
madrilènes, d'autant plus brûlants qu'ils sont
traqués par « Franco la muerte », comme le dit de
façon si terrible et si précise Léo Ferré, à l'occasion de l'un de ces soirs elle décidera de sévir. Elle
descend un escalier écrasant, sous des applaudis-

sements qu'elle ressent mal, péniblement, comme infirme de la blessure à jamais ouverte, celle de ceux qui sont morts pour la guerre d'Espagne, pour la liberté de ce peuple superbe. Fier. Digne.

Tremblant sur ses talons aiguilles, elle transforme son angoisse en danse de la séduction. Serpentine, ondulante, glacée. Elle provoque. On se presse autour d'elle. Elle crève de peur. Elle garde dans l'oreille le bruit des pas de ceux qui torturent avant de laisser crever.

Elle finira par choisir un très jeune homme, blond, appartenant à la meilleure société et auquel elle ne laissera qu'un goût de cendres et de sang à côté de la bouche. Pourtant, il était beau et peut-être innocent. Mais, pour elle, il est si improbable ce sentiment de non-responsabilité, de refus. De ce refus du cri de l'autre. De celui qui ne demande ni secours ni aide, mais seulement la reconnaissance de sa vie et de sa mort vécue.

Elle continuera au cours de ses voyages autour du monde à faire et à défaire ses choix, laissant souvent dans son sillage une traînée de lave dévastatrice. Elle sera heureuse en Angleterre sur la scène de l'hôtel Savoy, celle du Globe, le théâtre de Monsieur W. S. lui-même, celle du théâtre Savoy et, juste en face de sa fenêtre regardant la Tamise, celle du Festival Hall. Jujube reste fière mais toujours étonnée de chanter dans de tels lieux. Salles de concerts, Opéras. Un jour, à Francfort, elle est arrivée et a pu lire sur l'affiche de l'Opéra : « 7 h 30 *Salomé* — 22 h 30 *Gréco* » ! Elle ne riait pas du tout Gréco sur l'instant. Elle n'a ri que beaucoup plus tard dans la soirée. Après. La succession est parfois rude.

C'est au Festival d'Edimbourg qu'elle fera ses débuts en Grande-Bretagne, après une pièce écrite par M. Nigel Denis et jouée par Rex Harrison. Gréco aura l'honneur de chanter durant plus d'une heure. De grosses roses odorantes comme celles que l'on trouvait dans les jardins de curés lui feront un tapis vivant chaque soir, balayé par le rideau rouge et velouté du succès. Il en sera de même à Dublin avec les Irlandais, leur folie généreuse, leur génie et la splendeur de leurs pays.

Gréco, en arrivant le premier soir, sonnera le garçon d'étage de l'hôtel dans lequel elle réside et commandera au très distingué monsieur qui viendra pour prendre sa commande une bouteille de whisky. Quelques minutes plus tard, le gentleman reviendra chargé d'un plateau sur lequel tintinnabulent de jolis verres à pied, une carafe d'eau et un bol rempli de glaçons. « Madame désire de la glace ? — Non, merci. — De l'eau ? — Non, merci. — Madame désire bien du whisky irlandais ? — Parfaitement, oui, merci. »

L'homme, souriant soudain, remplit le verre avec soin et le tendant à Gréco lui dit : « Très très bien, Madame, mes compliments, merci beaucoup. » Rayonnant il sort en emportant l'eau et la glace. Jujube ne savait pas qu'elle venait de flatter l'honneur d'un Irlandais, véritable amateur de sa liqueur nationale. Entre 50 et 60 degrés ! L'honneur pèse lourd. Mais quelle joie... Impunie, elle ne souffrira d'aucun mal de tête et continuera joyeusement sa cure agrémentée de nombreux « irish coffee » en compagnie d'hommes et de femmes forts et droits comme les arbres de leurs forêts, purs comme l'eau de leurs rivières, chauds comme le sang qui coule trop souvent hors de leurs veines sur le trottoir, contre les murs de leurs maisons. Maisons aux fenêtres murées, barbelées

de fer comme Jésus d'épines blessant la tête têtue
pleine de la lumière de son bon droit. Sacrifice.

Gréco sera la première chanteuse française à
avoir accès à une scène allemande après la Libération.

L'événement ne se passera pas sans encombre.
La conférence de presse donnée en son honneur au
dernier étage d'un palace américano-berlinois
fera d'elle dès le lendemain matin et à la une de
tous les journaux, quelles que soient leurs tendances, un objet de scandale.

Elle dira sa vérité.

Jujube confirmera sa méfiance, son inquiétude,
sa mémoire récente en même temps que son
espoir dans la génération qui monte. Génération
dont, dit-elle, les parents ne sont pas responsables
de leurs enfants, mais dont les enfants se sentent
abominablement responsables de leurs parents.

La longue liste des camps de concentration,
avec leurs romans-photos-vérités atrocement
illustrés, défile, comme montée en boucle sur une
pellicule faite de peau, de la peau de ceux qui,
torturés au-delà de la mort, ont laissé leur image
dans la tête de ceux qui restent. Gréco est restée.
Elle est là. Elle répondra.

Les hurlements de douleur et de honte sont la
terrible petite musique de la nuit de millions de
gens. Gréco la chantera à ceux qui ont peur de
poser des questions debout. Les yeux au fond des
yeux, au fond de la mémoire.

Le jour de son premier concert et pendant bien
des années après, les jeunes gens et les jeunes filles
viendront lui demander s'il est vrai qu'elle
éprouve pour le peuple allemand de la haine.

Émue et troublée elle répondra que la vérité est ailleurs, à l'intérieur du passé de leurs parents, car en ce qui concerne leurs pères ou leurs mères elle ne peut répondre de rien. Eux seuls détiennent la réponse. Pour elle, la plaie reste ouverte.

Elle passera à Berlin-Est et donnera trois récitals dans le même théâtre avec entre chaque récital un entracte de quinze minutes.

3 000 personnes entrent, 3 000 sortent. 15 minutes de pause.

3 000 personnes entrent, 3 000 sortent. 15 minutes de pause.

3 000 personnes entrent, 3 000 sortent. C'est fini.

Gréco a comme une sorte de vertige qui ressemble au bonheur. Durant les deux premières heures elle chante aussi bien qu'il lui est possible. Les deux heures suivantes, elle croit faiblir. Les deux dernières elle chante comme jamais elle ne se saurait sentie capable de le faire. Quatre-vingts chansons, debout devant les autres Allemands. Elle se sent forte de sa performance physique. De son émotion intacte. Plus aiguë ?

Entre l'Est et l'Ouest il reste un terrain vague. Défoncé par les bombes. Elle y marche. Elle s'y tordra les chevilles et l'esprit. La différence ? D'un côté comme de l'autre ils sont et resteront allemands. Étranges fourmis architectes, bâtisseurs de cités, de la ville et de sa vie en même temps que de la mort de certains de ses habitants. Administrativement désignés. Allemands... ils sont allemands avec toutes les qualités que cela comporte mais aussi, pour elle, cette brumeuse inquiétude qui tombe comme un voile de deuil sur ce passé trop proche. Un jour, peut-être... quelque chose de beau comme un soleil dissipera l'obscurité. Un jour... dans combien de temps ?

Jujube ne parlera pas des Juifs. Elle n'a pas pour habitude de se faire reluire avec le sang des autres. Ce qui a été entendu reste retenu. Ce qui a été vu reste enregistré dans sa mémoire pour la vie, jusqu'à son dernier regard.

Le jeune public qui vient la voir sera peu à peu accompagné de personnes plus âgées et sans apparents souvenirs ou remords. Il n'y avait pas pendant la période de l'occupation allemande en France des millions de résistants. Il n'y avait sans doute pas des millions de nazis en Allemagne non plus...

Elle découvrira les pays scandinaves et la brûlure du froid de la neige, pareille à celle des mots non dits et des sentiments non exprimés. Pudeur. Religion parfois.

La Suède, le Danemark, la Norvège, la Finlande. Superficiellement identiques au nom d'une nature qui de blanche devient verte et où, sur la mer, le soleil plaque l'ombre des oiseaux découpés au rasoir dans un étrange métal sombre.

Sous une apparente liberté de mœurs se cache souvent une recherche désespérée du bonheur partagé. Dans le fond de la bouteille d'alcool blanc, d'eau-de-vie, se tapit la hideuse solitude. La beauté est partout dans les rues, le soleil dans les cheveux fous. Blanches comme des amandes fraîches, les dents de la jeunesse sont sourires luisants.

Jujube et Françoise Sagan vont à la pêche, accompagnées de Mme Rigal, la secrétaire de Gréco. Françoise est venue pour différentes raisons, dont la sortie de l'un de ses livres. Elles habitent Stockholm et leur hôtel a les pieds dans la mer. Le capitaine du bateau de pêche fait la cuisine et Françoise traque le poisson. Jujube n'aime pas ferrer. Françoise attrape tout ce qu'elle veut. Appliquée, patiente, elle guette et gagne. Jujube, bien que mortifiée par son inefficacité volontaire, ne se résout pas à voir la bête se tortiller au bout de sa ligne. Et puis elle n'a pas l'envie qui fait accepter la patience. En revanche, quand ils sont grillés, les chers petits, elle les mange sans remords. Elles passent de longues journées légères et douces, cernées par le cri strident des mouettes, et leur regard fixe et rond comme un confetti volé à une fête. L'enfance.

Le soir, Jujube se glissera dans sa robe de scène après un maquillage long et solitaire, effaçant par ce dernier geste, presque rituel, les souvenirs de la journée vécue pour redevenir Gréco.

Elles seront invitées à l'ambassade de France à un déjeuner formel présidé par le premier personnage du pays, M. Palme. Georges Pompidou qui est présent ainsi que sa femme à cette cérémonie fera après bien d'autres un discours. Françoise qui le connaît depuis sa plus tendre enfance est assise non loin de lui. Elle le sait un peu allergique à certaines longueurs dans le propos et commence sournoisement à le singer quand il grimace d'une manière particulière, baissant la tête et avançant sa lèvre supérieure sur sa lèvre inférieure pour étouffer un bâillement contraire à la diplomatie la plus élémentaire. Gréco a un début de fou rire mal contenu et le président des Nations Unies qui est assis à côté d'elle lui jette un regard plus que réprobateur. Françoise rigole intérieurement. Elle est infernale. Merveilleuse Françoise. Irréductible enfant dont on est toujours surpris de découvrir l'étendue des dons. L'incident sera sans suite et sans gravité.

Sortant des Antilles aux hommes lisses et rêveurs, aux femmes au sourire rafraîchissant de blancheur et au corps luisant de rondeurs douces qui accrochent la lumière des regards, encore un peu de sable dans ses chaussures, Gréco dégringole de 30° au-dessus à 30° au-dessous.

Montréal, la comédie canadienne. Ce public français du bout du monde qui brûle sous son épaisse fourrure de neige et se roule dans l'or et le sang des étés indiens. Ces fulgurants francophones qui vous jettent leur force et leur originalité profonde au visage. En plein cœur.

La jeunesse perdue de cette belle vieille dame France, elle est là-bas. Explosive. Libre. Jujube savoure chaque découverte.

Elle aura une révélation importante, un choc profond, le jour où elle chantera pour la première fois au Japon. Un autre monde. Une autre civilisation. Des îles plus unies qu'un continent. Une fabuleuse douceur. Une fabuleuse violence. Une courtoisie parfaite. Un secret absolu gardé sur tout ce qui touche la vie privée.

De somptueuses invitations à déjeuner ou à dîner, mais au restaurant. La maison semble être un lieu sacré. Inviolable. Un immense respect pour ce qui est du domaine de l'art.

Un terrible silence dans une salle de spectacle contenant deux ou trois mille personnes. Des applaudissements légers comme les ailes d'un petit insecte volant. Un premier rang où des spectateurs allongés les yeux clos semblent dormir.

La première partie du spectacle Gréco sortira les yeux humides et le cœur affolé. Elle croit n'avoir eu aucun succès et voit déjà les spectateurs quitter la salle à l'occasion de l'entracte. M. Ashihara, spécialiste de la chanson française au Japon et qui dispose de milliers de fiches concernant chaque chanteur et chanteuse ainsi que son répertoire, cherche à la rassurer, sans résultat. Elle aborde la deuxième partie les jambes molles et les yeux embrumés. Le public n'a pas bougé. Le tableau est identique ! Les ailes de l'insecte volant semblent s'agiter un peu plus rapidement. A la fin du récital, ils applaudissent longuement, très longuement, ils se lèvent sans cesser le mouvement de leurs mains et Gréco fera beaucoup de chemin de la coulisse au micro, les yeux de plus en plus brillants, le sourire de plus en plus précis. Elle est heureuse. Apprivoisée par cette silencieuse, pénétrante, insinuante chaleur.

M. Tsutsumi, Yasujiro Tsutsumi, sorte d'empereur de l'industrie et du commerce japonais, homme raffiné, cultivé comme peut l'être un Japonais, fera le rare honneur à Gréco de l'inviter dans sa maison, à Tokyo. C'est lui qui a décidé de faire venir Gréco au Japon. Il lui fera découvrir la ville immense du haut de son hélicoptère, l'appareil décollant du toit de son « grand » magasin : Seibu. Magasin de « grand » luxe. Naturellement.

Il offre à Gréco et à ses accompagnateurs un voyage en bateau, leur permettant ainsi de mieux découvrir le pays, ses temples, ses inégalables jardins. A Kyoto, il donne un dîner de rêve servi par de très belles et très talentueuses geishas dont l'une chantera pour Gréco « Les feuilles mortes » en s'accompagnant au koto. Elles dansent. Gazouillent. Rient derrière leurs petites mains fines. Servent force saké tiède, retenant dans un geste léger la manche de leur somptueux kimono. Le festin terminé, elles reconduiront jusqu'à la porte d'entrée leurs hôtes avec courbettes et remerciements d'usage. Là, sur la première marche menant à la sortie, les chaussures que chacun avait enlevées dès l'arrivée attendent sagement, la pointe dirigée dans le sens du départ. Chacun emportera sa propre part de poésie. D'images. Comme des estampes...

La tournée continuera dans cette sorte d'irréel. Les représentations, elles, sont concrètes. Dans ce que le concret peut avoir de meilleur.

Gréco retournera souvent au Japon. Elle constatera l'extraordinaire progrès accompli dans le domaine de la, des techniques les plus diverses. Elle saura aussi que le super-homme d'affaires, quand il rentre dans le secret de sa vie privée, derrière les volets de sa maison, redevient dans son bain brûlant japonais. Seulement japonais. Le même depuis des siècles.

Chaque voyage dans ce pays d'incalculables contrastes sera un enrichissement théâtral, musical, architectural. Un certain art de vivre. Elle fait la connaissance d'une jeune femme, Keiko Nakamura, amoureuse de la langue française et d'une subtile intelligence. Elles travailleront ensemble. Les femmes japonaises commencent de montrer un dangereux joli petit bout de nez. Pays de tremblements de terre, le Japon forge des âmes fortes, courageuses, têtues et opiniâtres. Souvent incompréhensibles pour tout ce qui n'est pas lui. Insondables.

En U.R.S.S., elle parlera avec des Russes. Soviétiques, certes, mais russes. Les plus indolents qui
soient. Ils n'aiment que rire, boire, danser, parler,
s'amuser. Pas vraiment des fanatiques du travail.
Ils adorent la vie. La folie. Le spectacle sous toutes
ses formes. Elle aura souvent l'impression d'avoir
déjà vécu l'instant offert.

Les personnages qu'elle aura le bonheur de
côtoyer ressemblent comme des frères ou des
sœurs à ceux qu'elle a découverts au fil de ses
lectures. Elle a dévoré les écrivains russes dès son
plus jeune âge. Tolstoï, Dostoïevski, Tchékhov,
Maïakovski... et tant et tant. Comme échappés
d'entre les pages du livre, les personnages sont là.
Éternels. Joués, vécus par les vivants présents.

Elle visite la Moldavie, goûte ses vins et regarde
dans les vitrines du Centre de recherches agricoles
les résultats obtenus. On lui fera l'honneur d'une
représentation privée. Un film en couleurs sur
l'accouplement de deux pêches. Totalement
sexuel. Proches les organes ! Depuis, il arrive à
Jujube d'y regarder à deux fois avant de mordre
dans le fruit.

Max Léon (correspondant du journal *L'Huma-
nité*) et sa femme (soviétique et ravissante) organi-
sent une soirée chez eux avec leurs amis écrivains,
peintres, chanteurs, poètes, une troupe d'artistes
tziganes.

La soirée se termine très tôt le matin. Dans la
joie.

Gréco rencontrera aussi Evtouchenko à un
cocktail donné par l'ambassade de France. Le
poète sera comme toujours élégant, charmant,
séduisant. Ils parleront avec l'envoyé spécial d'un
grand journal français, Georges Bortoli. La pièce
est bourdonnante, le bourdonnement est passé au-

dessous du rideau de fer. Tous ces gens-là sont bien habillés, bien coiffés, bijoutés et parfumés. Y compris Gréco.

Jujube cherche la vérité. Enfin une petite idée de la vérité. Elle la trouvera ailleurs.

Pendant la guerre les hommes étaient au front, les enfants mâles aussi. Les femmes ont dû prendre le relais.

Quand elle ira à l'hôpital pour faire soigner une vilaine angine contractée pour cause d'hiver spécialement rigoureux, elle ne sera consultée que par des médecins femmes. Dans les rues, assumant les travaux les plus rudes, terrassement, enlèvement de la neige envahissante, elle retrouvera des visages de femmes. Parallèlement à leur métier de mère et d'épouse il leur a fallu assumer le terrible déséquilibre qu'a engendré et pour longtemps l'une des guerres les plus meurtrières, tant dans le combat que dans l'assassinat et la torture.

En regardant ces femmes vêtues comme des couvre-théières, penchées sur leurs travaux épuisants, Jujube pense à sa mère et à sa sœur, nues sous leurs fines robes rayées, debout dans l'hiver des camps de concentration nazis.

Ces femmes soviétiques dans ces rues où vivent et jouent des enfants et des adolescents, où marchent des adultes, lui semblent le symbole du courage et de l'abnégation dans l'espoir d'une vie meilleure. Jujube a envie de dire merci. Sans eux, rien n'aurait pu aboutir.

Bien sûr, tout ne sera pas comme on le souhaite. Les longues files d'attente devant les magasins sont des souvenirs trop proches pour que nous, Français, nous puissions les oublier et ne pas les assimiler à nos réalités subies. Dans ce pays naissant, renaissant, elles ne sont que normales sans doute.

Seules, les interprètes agacent Jujube. Tant pis pour elle. Il lui fallait apprendre la langue du pays. De tous les pays dans lesquels elle passe et repassera.

Elle a confiance en Svetlana, la femme de Max Léon. Elle parle un français très pur et traduit certaines conversations auxquelles elle assiste sans laisser planer aucune ombre sur la question ou la réponse.

Les gens de la radio, ceux qui s'occupent des émissions en langue française sont eux aussi parfaitement fidèles aux propos tenus par l'artiste étranger. Il est évident que certaines choses sont difficiles à comprendre. Qu'une femme vous surveille alors que vous rentrez à votre étage et dans votre chambre est parfaitement odieux. Cela dit, il en est de même en Amérique, aux U.S.A. La même décharge électrique vous fait sauter la clef des doigts. Les tapis ne sont pas de laine... mais de nylon ou autre barbare matière. Comme partout. Pollution.

Le progrès lavable dont le jus pourrit la vie et détruit la défense naturelle dégoûte Jujube. Autant que la surveillance.

Au bout du couloir, à Moscou, dans un palace, il y a quand même un samovar qui fonctionne jour et nuit. Le thé. Sacré. La révolution ne rejette pas le luxe. Gratuit. Elle tente de le rendre accessible. Possible un jour pour chacun. Si seulement il n'y avait personne dans le couloir... Jamais. Nulle part.

Jujube affolera l'équipe de surveillance d'étage, transportant d'une chambre à l'autre des matelas et des robes de chambre trempés de sueur, de la sueur d'un homme malade, brûlant de fièvre et de malheur. La maladie est en train de détruire la mère de ses enfants. Sa femme. La surveillante d'étage finira par prendre en pitié les allées et venues de cette chanteuse inhabituelle. Blanchisseuse infirmière.

Jujube a très mal à la douleur de son ami musicien. Elle voudrait le soulager. Il travaille sans une plainte. Sans la moindre faiblesse. Il joue comme toujours, comme avant, comme après. Magnifiquement.

Les deux Belgiques lui ouvrent les bras. Gréco aime le peuple belge. Ils ont fourni quelques génies au monde des arts et des lettres, mais cela ne satisfait pas la vanité de leurs voisins. Le public est généreux et manifeste sa joie, son plaisir. C'est le plus beau cadeau qui puisse être fait à un artiste. Elle retournera souvent dans ce pays ami et hospitalier. Flamand ou wallon.

La Suisse sera l'endroit où sa fille Laurence trouvera à Villars un foyer dont elle a cruellement besoin. Gréco travaille et fait le tour du monde. Mlle W. fera l'éducation de Laurence pendant plusieurs années. Elle en gardera un souvenir profond et tendre. Son éducation sera celle que peut donner une demoiselle protestante. Gaie et sévère. Droite. Pleine d'humour. Mlle W. aimera Laurence. Laurence l'aime. C'est une réussite. Laurence trouvera là, dans ce chalet, des amis pour toute la vie. Gréco chante le plus souvent possible dans ce pays calme. Elle n'y rencontre que des joies.

Gréco, la mère, voue à Mlle W. un respect et une reconnaissance sans limites.

Tout au début de sa carrière, à son premier voyage à Genève, Gréco porte en elle un secret vivant de deux mois. Elle n'a prévenu personne et surtout pas l'homme qu'elle aime. Elle est faible et fatiguée. Alors que, debout en scène, elle entame la dernière chanson, commence de s'échapper de son corps le flot de la vie secrète. Elle continue de chanter jusqu'au bout, épongeant avec la traîne de sa longue robe noire les traces de son malheur.

On la transportera sans connaissance dans une clinique. Le médecin restera toute la nuit à son chevet. La mort la frôlera pendant des heures. L'homme n'en a jamais rien su.

Au Portugal, Gréco chante devant un carré de rois. En exil. La direction du casino est dans un état d'extrême agitation. Jujube n'en fera aucun cas.

Elle aime à se promener en voiture à travers le pays. Elle va manger des poissons à Nazaré où les femmes font onduler leurs jupons colorés superposés, froncés et brodés durant les longues journées d'hiver. Parfois il y en a jusqu'à sept. Elles surveillent le retour de leurs pères, maris ou frères pêcheurs à la tombée du jour. Sur la plage, des attelages de bœufs attendent les bateaux sur le sable pour les tirer hors de l'eau. On lui montre la marque du sabot du cheval inscrite dans la roche : le cavalier et sa monture furent sauvés de la mort par la très sainte Vierge Marie. Efficace.

Elle boit du vin vert et regarde nager dans des viviers naturels et sous-marins les langoustes condamnées à être mangées. Elle ira le soir écouter chanter Amalia Rodriguez et d'autres voix, anonymes celles-là, mais au service du fado avec la passion commune de ce chant mélancolique et fort. Cette longue prière immobile. Debout.

En Égypte, elle partage l'affiche avec Philippe Clay. Il est comme elle tout de noir vêtu. Jujube vient de mettre son enfant au monde et elle est extrêmement mince et pâle. Le pauvre Patterson, après une représentation catastrophique (comme les suivantes d'ailleurs), s'entendra dire : « Mais elle est sûrement très malade, Gréco, elle est si maigre ! Et en première partie Philippe Clay qui n'a pas l'air lui non plus de respirer la santé... Quel spectacle... un vrai cauchemar ! »

Nous ne plairons pas. On allume la salle durant la représentation en signe de désapprobation et Jujube ira se consoler vers les Pyramides. On vient juste de découvrir une nouvelle merveille : Sakkara. Un conservateur français leur fait visiter la nouvelle pyramide qui n'est pas encore ouverte à cette époque au public. Les fresques sont admirables de fraîcheur et de beauté. Un sentiment d'angoisse incontrôlable étreint Jujube. L'impression d'entrer dans une intimité interdite. De commettre un sacrilège. Elle emportera avec la richesse reçue au plus profond du regard un curieux malaise.

Elle traîne ses sandales en compagnie de Patterson dans le musée du Caire dont ils ne peuvent se lasser. Ils retourneront à Sakkara uniquement pour regarder le soleil se coucher sur ce lieu magique. Le soir, ils seront punis par le public. Ce sera une douloureuse et humiliante expérience. Faut-il payer pour le trop grand bonheur ? En vérité, Jujube sait bien que de toute manière rien n'est plus cher que l'argent, celui qu'on n'a pas l'impression de mériter, en particulier.

Les pays chauds sont les plus difficiles à conquérir. La plus grande star du monde, celle contre laquelle on ne peut pas lutter c'est le soleil. Pour Gréco les choses ont commencé à devenir difficiles dès Béziers...

L'Espagne, Villa Rosa, boîte de nuit suprêmement élégante, parfumée par une roseraie doucement éclairée ; assises aux tables, de jolies femmes admirablement déshabillées-habillées, des hommes en tenue de soirée. Sur la scène, les Bluebell Girls. Elles plaisent.

Gréco fait son entrée. Un bruit de ruche s'élève des tables fleuries. Qu'est-ce que c'est que ce fantôme ? Après les longues jambes nues et les poitrines avenantes des demoiselles qui la précèdent, elle ne fait au propre comme au figuré pas le poids... Les briquets s'allument, le ton monte.

Gréco n'est pas une poupée gonflable. Elle diminue de plus en plus, rétrécie par la houle, mais la flamme monte en elle. Il faut gagner le silence. Elle gagnera celui des hommes. Celui de certaines femmes aussi. Fort peu. Elle ne plaît pas aux femmes ce soir-là. Elles ne se sentent pas en sécurité. Contre la beauté on peut se battre, contre l'étrange cela devient plus compliqué. Gréco représente un danger dans l'esprit de bien des gens. Il est prouvé qu'elle peut être dangereuse. Pas bassement. Toujours elle prévient. Personne ne voudra la croire.

Au Liban, elle baigne dans le parfum du jasmin, celui de son premier voyage de noces. Philippe Lemaire et Gréco forment un joli couple. Ils sont reçus comme savent recevoir les Libanais. C'est tout dire. Ils sont fêtés. On leur fera visiter un Baalbek vierge encore de festival. Ils vont jusqu'à Damas, traversant une sévère frontière, et se promènent dans les souks les plus fabuleux qui soient. Parfumés, grouillants de monde, colorés et bruyants. Ils achètent des étoffes précieuses et repartent, la tête leur tournant un peu, les oreilles pleines des cris des marchands. Le soir Gréco n'a pas à chanter. Ils se promèneront doucement dans les rues, des colliers de jasmin autour du cou. Silencieux.

Très différent sera le second voyage de noces de Gréco en 1968 avec Michel Piccoli. Il aura lieu en plein hiver, en U.R.S.S. Passionnant. Aussi.

Sa vie se passera de valises en aéroports, d'hôtels en voitures. De coulisses en scènes. Elle continue sans un instant de lassitude. Toujours à la recherche de la rencontre. Elle ne sait pas encore combien d'années cela va durer ni que son émotion, son inquiétude, sa passion ne feront que s'aggraver. Elle ne sait pas non plus qu'elle continuera d'ignorer la lassitude mais qu'elle apprendra la fatigue sans en faire grand cas.

Retour en Amérique. Comment on serre la
main de la première page d'une encyclopédie
du cinéma et les conséquences d'un tel geste.

Quatre ans après son arrivée au Waldorf Astoria, Pierre Philippe qui a gardé un bon souvenir de
son premier passage lui demande de revenir. Folle
de joie, elle prévient Patterson et ils s'embarquent
sur un super-paquebot avec Crocodile, le chien.

Jujube a fait faire une garde-robe digne de
l'invitation. Et radieuse, elle s'installe dans sa
cabine. Elle restera couchée tout le long de la
traversée, en proie à un incoercible mal de mer !
Elle débarquera encore plus verte et plus transparente que ne le laissait prévoir la publicité. A
l'Empire Room elle partagea le spectacle avec les
Garçons de Paris, groupe vocal formé par Varel et
Bailly et qui remporte aux U.S.A. un immense
succès. Mérité. Gréco, cette surprenante Française
entièrement habillée de noir et dont la longue
robe ne laisse voir que le visage, les mains et la
voix, cette jeune femme prenant le risque d'appa-
raître, ses cheveux raides tombant jusqu'à la
taille, le tout semblant sortir d'un dessin de
Charles Addams, laissera la critique stupéfaite
mais ravie. Plus qu'élogieuse, elle aidera le public
à remplir la salle pour toute la durée du contrat.

Les photographes de *Life, Time* seront eux aussi

de la fête et une pleine page dans *Life* avec un grand article ainsi qu'une toute petite photo et un très bon article dans le sérieux *Time Magazine* viendront de concert avec les journaux consacrer cette nouvelle venue dans la chanson française d'un nouveau genre pour le public américain.

Pour Gréco, l'événement est considérable. Elle commence à « justifier » son image dans un journal. L'image devient vivante, chaque jour davantage. Même de l'autre côté de l'Océan.

Patterson partage les bonheurs de Gréco à la ville, mais pour une fois pas à la scène. Le syndicat des musiciens lui interdit de toucher au piano. Désespéré mais courageux, il cherche comment garder la couleur musicale qu'il a donnée au tour de chant de Gréco. Ils cherchent un accordéoniste le trouvent et le font répéter en secret. Par bonheur, il est extraordinaire. Nick Perito. Il coûtera à Gréco le quart de son cachet, mais l'honneur sera sauf. Pat se console en faisant de longues promenades dans New York avec le chien Crocodile qui sème la stupeur sur son passage. C'est un petit lévrier italien superbe et minuscule. Il contraste étrangement avec l'architecture de la Cinquième Avenue. Il semble ne pas s'en soucier et lève la patte comme il le ferait sur les troncs d'arbres du boulevard Saint-Germain. Hélas! il n'y a pas d'arbres. Les murs de béton feront l'affaire.

Jujube, elle, se lève tard. Elle sort seule pendant la journée pour essayer de comprendre la ville. Mais le mouvement est trop rapide, chacun marche à longues enjambées, le regard fixé sur le but qu'il se doit d'atteindre à l'heure. Pour certains, le cadran de la pendule semble fonctionner à l'intérieur de la boîte crânienne et forcer le regard à disparaître pour l'extérieur afin qu'ils ne voient

plus que les aiguilles qui tournent. Implacables.
Ils ont perdu pour un temps la faculté d'échange
avec l'autre par le truchement de la rétine, de
l'œil. De l'œil libre de toute contrainte, de celle de
la porte qui se ferme ou s'ouvre devant vous et que
vous n'avez plus la volonté de forcer, de claquer,
cette porte refuge derrière laquelle vous vous
planquez. Comme eux.

La nuit est belle comme une sorte d'enfer
sublime, crachant ses fumées par les égouts.
Jujube aime ces nuits où le bien et le mal vivent
côte à côte sans se regarder, où l'abjection et
l'admirable respirent le même air et où l'on passe
en frôlant la mort sans y prendre garde.

Au Bird Land elle retrouvera, après avoir traîné
ses oreilles dans toutes les autres boîtes de jazz,
elle retrouvera ses copains du Modern Jazz Quartet et Miles Davis qu'elle adore. Ils passeront de
longues heures cette nuit-là à parler de Paris et
des autres, et ils se sépareront au lever du jour non
sans avoir décidé de dîner ensemble le lendemain
soir. Gréco les invite à venir au Waldorf et ils
acceptent, mais avec une légère réticence qui ne
semble pas de mise devant une invitation aussi
banale. Jujube ravie traverse le hall de son hôtel,
faisant voler les ailes de mousseline noire de sa
robe de chez Chanel à la barbe de quelques
messieurs-attachés-case rasés de frais que ça ne
réveille que mollement. Elle, va s'endormir sans
rêves. Vite.

Le lendemain est jour de relâche et elle s'éveille
tard. Elle attend ses amis. Pat, Crocodile sur les
genoux, sirote un dry Martini avec elle. Ils arrivent enfin, mais accompagnés de deux enfants.
Jujube n'y prend pas garde, elle est contente et
sonne le maître d'hôtel qui leur sert à dîner

presque chaque soir. Il est gentil et aime bien le chien Crocodile qu'il gâte et caresse avec tendresse. Deux petits coups légers à la porte et il entre, son menu à la main. Il s'immobilise après le premier pas, dévisage les invités et, au fur et à mesure de l'examen, on peut voir son visage se décomposer comme une crème qui serait en train de tourner. Il baisse les yeux, prend sa commande et se retire. On entendrait une mouche boiter tant le silence est profond. La conversation reprend. Maladroite.

Une heure se passe et les enfants ont faim. Gréco décroche son téléphone, appelle le service d'étage et réclame. Une demi-heure plus tard, un garçon fait son entrée, poussant une table devant lui dans un fracas de vaisselle et de couverts entrechoqués, et laisse le tout en plan au milieu de la pièce, partant sans se retourner. Les hommes se regardent, visiblement gênés et, ne sachant plus que dire, parlent avec les enfants qui eux mangent et s'amusent. Ils sauvent ce qui peut être sauvé et les invités partiront très vite après cet étrange repas. Immageable. Pat et Jujube ne feront aucun commentaire et rentreront chacun dans leur chambre sans s'attarder comme à l'habitude.

Vers 5 heures du matin le téléphone sonne et ne réveille pas Jujube qui ne dormait pas. C'est Miles Davis, « Si tu ne veux pas compromettre ta réputation et ta carrière en Amérique, viens nous voir chez nous mais ne te montre plus jamais avec nous. Fais ce je te demande, je ne veux pas que tu sois considérée comme une " pute à nègres ". Je t'aime beaucoup, tu sais, mais il faut comprendre que tu n'es pas à Paris, tu es à New York U.S.A. »

Gréco pleurera de tristesse et de rage. Elle pleurera aussi la faute commise contre eux et la douleur de la contrainte. Elle les reverra en cachette. Une seule fois. Ils lui diront leur amitié et Miles jouera pour elle toute seule et lui fera goûter du poulet frit qu'il aura préparé lui-même, dans la douceur de la liberté retrouvée pour quelques heures.

Cela dit, le public qui remplit la salle de spectacle chaque soir est chaleureux, merveilleux. Il a cela de commun avec le public anglais, japonais, allemand. Ce sont des gens qui ont le respect du travail accompli. Elle arrive presque à la fin de son contrat quand, un beau matin, Mel Ferrer lui téléphone. Ils ont tourné il y a peu de temps dans un film de Jean Renoir, *Elena et les hommes,* et sont devenus de grands copains. Mel est à Mexico. Il a fait lire les critiques parues dans les journaux à son productueur qui cherche une Française pour un petit mais très intéressant rôle dans *Le soleil se lève aussi,* dirigé par Henry King et adapté par Peter Viertel. Mel insiste, dit qu'il prendra soin de tout et qu'elle ne regrettera pas ce voyage, qu'elle doit se libérer et venir au plus tôt... Le Mexique ! Jujube rêve.

Et Patterson ? Elle le regardera pendant tout le déjeuner et ne dira rien. Toute la journée elle réfléchira et décidera de lui parler après la représentation.

Elle sera terrible, cette représentation donnée pour une firme d'électroménager ! C'est le dernier jour de la convention et la fête est à son comble. Les femmes tombent quand elles se lèvent, comme des mouches ivres, les hommes leur tombent dessus en essayant de les ramasser et Gréco écourte leur ennui et le sien. Tour de chant éclair. Désemparée, elle remonte dans sa suite et s'étend sur le canapé. Crocodile sent que quelque chose ne va pas et saute sur ses genoux, lui manifestant sa tendresse en posant sa tête fine sur sa main et en la fixant d'un drôle d'air interrogateur. Jujube se demande où elle a bien pu fourrer sa conscience. Elle se saisit d'un coussin et la trouve, lovée avec son courage, juste dessous.

« Pat, voulez-vous venir avec moi au Mexique ? » Pat incline légèrement la tête et la regarde avec une infinie tendresse. Il ressemble au sourire aérien du chat dans *Alice au pays des merveilles*. « Oui. » Comme si c'était une évidence ! Ils partiront, les trois ensemble, heureux de l'être.

Effectivement, Mel Ferrer a tout réglé. La production a délégué un orchestre de mariachis qui terrorise Crocodile et débouche violemment les oreilles des voyageurs. Limousine climatisée, fleurs, et surtout le paysage qui se déroule sous leurs yeux jusqu'à l'hôtel Bamer. La production a investi la quasi-totalité des lieux. Installation confortable, fruits et tequila, goûts inhabituels. On demande à Jujube de se tenir prête pour le lendemain matin 9 heures. Une voiture viendra la chercher pour la conduire au studio qui est assez éloigné de la ville.

Anxieuse, elle dormira peu. Le chauffeur se présentera à l'heure, ce qui dans ce pays représente une sorte d'exploit. Mel Ferrer est là à son arrivée. Il entend bien la présenter lui-même à son producteur. Il la prend par la main et ils entrent sur le plateau. Jujube voit venir vers elle un homme de petite taille précédé d'un énorme cigare. Mel, très mondain, procède aux présentations : « Darryl Zanuck, Gréco. » En une seconde, Jujube retrouve dans sa mémoire les histoires fabuleuses que lui racontait Orson Welles sur le personnage qui est en face d'elle. Il lui apparaît comme une encyclopédie du cinéma en complet veston et cravate. Elle serre la main de la première page.

Elle est distraite par une autre apparition, de dos et ondulante. L'apparition se retourne et, de face comme de dos, c'est Ava Gardner. Un homme se penche par la fenêtre de sa caravane, c'est Tyrone Power. La voix dans laquelle se roulent tous les cailloux de la Neva est celle de Gregory Ratoff qui, les bras ouverts, se dirige vers elle. Elle vit un extraordinaire cauchemar dans lequel la réalité remplace le rêve. Mel reprend sa main et la mène chez la costumière.

Là, devant le chapeau qui lui est proposé, genre Paris revu et corrigé par Hollywood, Gréco retrouve ses sens. Elle attrape une colère qui volait par là en même temps qu'une paire de ciseaux, et détruit ce qui lui semble superflu. Ça représente un joli petit tas de plumes d'autruche sur le plancher. Les yeux de la costumière sont en train de sortir de leurs orbites quand M. Zanuck entre dans l'arène sans sommations. Il avise, jauge, et dit à Jujube : « Mettez cela sur votre tête, s'il vous plaît. » Jujube pose ce qui reste sur le côté droit de son crâne et fixe son image dans le miroir. « Très joli », mâchonne M. Zanuck. « Yes, yes », lâche mollement la costumière mielleuse et pâle de rage. « Parfait, dit Mel qui passe un bon moment. Nous rentrons à l'hôtel. » Au revoir, au revoir. Terminé.

Jujube retrouve Pat et Crocodile qui viennent de rentrer d'une promenade en ville. Éblouissante pour l'homme cultivé et sensible, et parfaite pour le chien qui adore les arbres. Pat s'amuse du récit de Jujube et le téléphone sonne. C'est d'abord son ami Nat Shapiro qui l'appelle de New York pour savoir comment vont les choses. Il s'occupe d'une jeune débutante sur laquelle il fonde les plus grands espoirs, une certaine Barbra Streisand. Il viendra à Mexico dans quelques jours voir Gréco. Puis M. D. F. Zanuck lui-même invite Gréco à dîner, elle refuse. Elle se méfie. La danse du producteur commence. Gregory Ratoff joue les intermédiaires au charme slave. Rien n'y fait. Huit jours plus tard, au cours d'un déjeuner avec Mel, Audrey Hepburn, sa femme, et D. F. Z., Jujube commencera à voir le producteur d'un autre œil. Elle le trouve passionnant. Elle est séduite. Elle accepte de dîner avec lui et l'écoute, éblouie, raconter le cinéma tel qu'il l'a vécu et tel qu'il le vit encore. Elle éprouve un sentiment trouble pour cet homme, confus. De retour à Paris il se décantera. Elle ne le sait pas mais elle est amoureuse de lui.

Pour l'heure, elle flirte de manière délicieuse avec Tyrone Power. Il lui fait la cour et sort souvent avec elle. Il l'a baptisée « Pearl ».

Il lui dit de se méfier de D. F. Z., de sa puissance, de la corruption qui règne sur ce milieu des grands studios à Hollywood, du danger que représente l'argent. Jujube sait à quoi s'en tenir. Mel lui aussi entre dans la guerre. Il lui fait part de sa crainte de la voir changer. Il y a coalition contre l'homme âgé, riche et puissant. Jujube a un sourire intérieur. Elle s'en moque. Il lui plaît. Il a de belles mains et des yeux lapis-lazuli qui brillent. Elle se laisse aimer et aime son image dans le reflet bleu du regard de l'homme. Elle est presque heureuse parfois. Protégée.

Une certaine presse ricane. La plus grande

partie des journalistes attendent de voir ce que cette étrange histoire donnera. Le couple Gréco-Zanuck déplaît. On cherchera jusqu'au bout à les séparer en ridiculisant D. F. Z., sa jalousie et ses caprices américains incompréhensibles pour des Européens.

Gréco tournera (sans Zanuck) dans un film anglais avec Richard Todd et un crocodile, un vrai, mort et puant, un bush baby et un opérateur se prenant pour Éric von S. scrutant le ciel plombé qui protège le lac Victoria en plein cœur de l'Afrique et avec une loupe façon monocle entre deux parties de cricket en attendant une lumière moins dure. Jujube fera l'apprentissage de la cuisine anglaise qui n'est pas aussi mauvaise que l'on veut bien le dire, mais restera perplexe devant les desserts « gelées » aux couleurs peu crédibles. Elle finira le tournage du film à Londres et aimera les Anglais. Ils sont légers, charmants, héroïques quand il se doit et présents quand il le faut, mais jamais quand il ne le faut pas. Ils boivent avec autant de conviction le thé et le gin et vous ouvrent leur maison comme nous n'avons jamais su le faire. Ou bien Jujube est-elle mal tombée ?

Car elle est tombée, à l'âge de dix-neuf ans, sur les marches d'un hôpital parisien dans lequel elle était entrée pour chercher du secours. Elle marchait dans la rue, sans but et, passant devant les glaces de la vitrine d'une boulangerie, elle avait reçu d'elle-même une image verte. Elle allait mourir mais se sentait seulement épuisée. Il y avait dans cet état de délabrement physique une atroce raison. Elle avait dû se faire avorter. Un copain lui avait donné une adresse, celle d'un homme contrefait, bossu, faiseur d'anges. Il l'avait opérée attachée sur la table de sa salle à manger, les jambes emprisonnées par un cercle de métal, un tampon d'éther enfoncé dans la bouche. Elle se réveilla dans un lit sanglant dont elle ne put bouger pendant près d'une semaine. L'homme commençait à s'impatienter et avait l'air inquiet. Il pressa Jujube de partir. Elle demanda à téléphoner. Impossible de joindre son copain. Elle réussit à se lever avec précaution, refaisant le même geste plusieurs fois pour habituer son corps à se tenir debout sans tituber, à lever les bras pour enfiler son chandail, à les baisser pour passer les jambes de son pantalon sans se trouver mal. Son copain, surpris d'être sans nouvelles, arriva juste à point pour la récupérer et l'aider à redescendre l'escalier. Il la déposa en taxi près de chez elle mais, dès qu'il fut parti, Jujube voulut retourner dans la rue. Et c'est alors qu'elle ne rencontra personne.

Elle retrouva son hôtel par miracle après s'être relevée à grand-peine des marches sur lesquelles elle avait perdu connaissance et être ressortie de la cour de l'hôpital sans que nul lui porte secours ni lui fasse l'aumône d'un regard. Son copain qui passait par là pour la réconforter et l'embrasser, tenant un paquet de gâteaux à la main, se rendit compte de la gravité de son état. Il la prit en charge et la fit entrer en clinique chez un chirurgien de ses amis. Le chirurgien ne demanda pas d'honoraires mais lui sauva la vie. Il sut la consoler du lait inutile qui gonflait ses seins et lui donna l'envie d'avoir un enfant à elle. Il était bien, très bien. Il est mort d'un cancer et Jujube a pleuré sans fleurs. Il mérite le souvenir.

Jujube aime bien les bossus. Au moment de son accouchement, alors que le professeur S. venait de lui faire une césarienne et de sortir de son ventre son enfant comme on ramasse un melon mûr,

rouvrant les yeux, elle s'est vue branchée de veine
à veine à un homme qui lui offrait son sang et qui
était bossu et de taille réduite. Ce n'était pas le
faux faiseur d'anges, c'était le vrai. Nous sommes
tous là pour en aider un autre si nous en avons les
moyens et, si nous ne les avons pas, il faut les
trouver. C'est la moindre des politesses. La plus
élémentaire des courtoisies. Jujube monte parfois
dans les camions collecteurs de sang. On regarde
Gréco avec surprise. Pourtant son sang appartient
à un groupe très banal.

Ce sont ceux qui regardent qui créent la différence. Ce sont là, les mêmes qui passent à côté
d'une fille évanouie et qui ne la ramassent pas. Ils
ont peur de la suite de l'histoire « et si jamais... »
Et les voilà qui deviennent aveugles et sourds. La
peur de l'engagement, celle du flic, celle de l'effort
qu'implique le regard sur l'autre.

Que pouvaient bien penser les paysans allemands quand ils voyaient les longues files de
déportés grelottant sous leurs minces uniformes
rayés, les pieds nus dans des socques de bois, se
traînant comme des animaux qui vont crever ?
Que pensaient-ils derrière leurs bonnets fourrés,
la conscience bien au chaud en les regardant
glisser et tomber sur les routes verglacées ?

Jujube elle aussi a peur, mais c'est de la
réponse. Elle aussi se met à dire tout haut « et si
jamais... » Non, non, plus jamais. Elle voudrait
hurler comme un chien, à la mort.

Où Les Racines du Ciel *s'avèrent dangereuses et comment et pourquoi. Les campagnes d'Afrique de Gréco. Orson Welles. Errol Flynn. Trevor Howard, John Huston et le Tout-Hollywood sur et dans le sable. Une tarentule coquette et des poulets pas maniaques sur la provenance de leur nourriture. Le retour.*

D. F. Z. aime Gréco. Gréco est-elle capable de l'aimer ? Elle le croit. Elle restera la seule à le croire. Elle lui trouve dans les gestes de tendresse un certain air de parenté avec son grand-père. Nous y voilà !

Elle qui depuis toujours a assumé la totalité de ses responsabilités et de celles des autres, se sent maintenant libre d'elle-même, légère, elle peut presque ne penser qu'à elle si elle le désire. Mais elle ne le désire pas. Elle continue de voir ses amis, de rire avec eux et D. F. Z. est de plus en plus ombrageux, voire sombre. Il fait tourner des films qui l'éloignent le plus possible de Paris et de la France. *Le Grand Risque* avec Stephen Boyd. Super-production navet. En Afrique. *La Lorelei brune.* Super-production navet avec O. W. Fisher. Terrible personnage qui s'attirera la haine et le mépris de presque toute l'équipe. Trois heures de maquillage chaque matin, poil par poil manquant à l'appel. A ce propos, une atroce histoire de vengeance a semé une odeur bizarre dans les couloirs du studio de Pinewood, près de Londres, où se terminait le tournage du film.

Gréco et O. W. Fisher étaient fâchés pour de

multiples raisons, dont la moindre était la violence avec laquelle Gréco lui avait asséné quelques vérités pas très bonnes à dire et fort déplai-
santes à entendre. Chacun de son côté avait donc
refusé avec énergie de tourner ensemble la dernière scène du film au cours de laquelle ils étaient
supposés échanger un long, amoureux et ultime
baiser d'adieu. C'est à des horaires et des jours
différents, avec l'aide du dos de leurs doublures
respectives, que la question fut résolue. Vedette de
face doublure de dos, champ contre champ. Ce
qu'O. W. Fisher ignorait, c'est que, dit-on, une
maligne personne avait substitué aux poils morts
que l'on collait chaque matin sous le nez de
l'acteur en guise de moustache, d'autres, fraîche-
ment coupés à l'endroit le plus secret de la
diablesse. Personne n'a jamais su le fin mot de
l'histoire. Tout le monde l'espérait véridique.

Au cours de ce même tournage, Gréco avait
rencontré un comédien excellent et séduisant,
William Sylvester. Ils découvrirent ensemble la
petite ville de Boppard au bord du Rhin et le
rocher de la Lorelei blonde, la vraie fausse.
Impressionnant dans les brumes matinales,
romantique quand on descend à bord d'une lourde
péniche le fleuve inquiétant. Elle s'amusait beau-
boup, Gréco. Trop sans doute car sans crier gare
D. F. Z. arriva sur les lieux, prévenu par quelque
bonne âme. Il avait la moustache hérissée. Il resta
jusqu'à la fin du tournage.

De retour à Londres Jujube revit William Sylvester. Elle n'a jamais aimé les cages et encore
moins celles en or massif. Elle mena une vie fort
dissipée dans la belle ville de Londres, sans souci
aucun du qu'en dira-t-on. Darryl souffrit et
demanda un jour une explication à cette attitude

cruelle. Elle répondit qu'on n'a jamais pu retenir un tigre par la queue et que l'essayer présentait un péril certain. D. F. Z. le savait et ne répondit pas. Simplement, constatant l'évidente lassitude de Gréco et les signes alarmants qui l'accompagnaient, il prit la décision de faire un film à Paris, tiré d'un livre français, *Drame dans un miroir,* et écrit par un auteur français et ami de Jujube, Marcel Haedrich (pas par hasard), sans véritables risques car l'histoire était fort belle et admirablement écrite. Orson Welles, Bradford Dillman et Gréco tenaient chacun un double rôle sous la direction de Richard Fleisher. Pour la musique, Gréco présenta à D. F. Z. son ami Maurice Jarre qui à cette époque travaillait pour le T.N.P. avec Jean Vilar. Entourée de cette belle façon bien chaleureuse, Jujube se calma un peu. D. F. Z. pas du tout. Il souffrait le martyre chaque fois que pour les besoins du film Bradford prenait Gréco dans ses bras. Elle vraiment pas.

Orson Welles était infernal mais admirable et, selon ses bonnes habitudes, ne pouvait s'empêcher de semer la panique. Quand il en avait terminé avec ses diableries, il venait dans la loge de Gréco et lui faisait pour elle toute seule une séance de prestidigitation. Géniale. Puis il continuait de raconter Hollywood et faisait rire Gréco aux larmes. Darryl se sentait étranger à ces rires et à ces jeux. Quand arrivaient les fréquentes et fatales scènes d'amour il mâchonnait de plus en plus vite son cigare et derrière la fumée se croyait à l'abri des regards. Il était malheureux, artisan de son propre malheur et, en dépit de ses efforts enfantins, cela se voyait. Il était parfois bouleversant. Jujube l'aimait totalement à ces instants-là. L'espace d'un éclair foudroyant. Il aurait voulu Jujube mais il vivait avec Gréco. En dehors de l'amour qu'il portait à Gréco, le plus sincèrement du monde, D. F. Z. aimait la France. Par goût de la littérature française, pour l'amour du livre et de l'histoire, il acheta *Les Racines du ciel,* de Romain Gary. Comme chacun sait, l'action se déroule en Afrique. « Encore ! pensa Gréco. Quel étrange hasard... » Mais cette fois elle prit ses précautions. Elle fit engager ou inviter ses amis, Marc Doelnitz, Anne-Marie et son mari Philippe Héduy, bien d'autres encore que Darryl accepta sans broncher.

Gréco ne voulait pas de ce rôle de Minna dans *Les Racines du ciel,* le personnage n'avait aucun rapport avec le sien. Elle fit part à D. F. Z. de ses scrupules et demanda à voir Romain Gary avant de signer son contrat.

Zanuck organisa une rencontre entre l'auteur et la présumée interprète et Romain Gary affirma à Gréco qu'il était enchanté de la voir tenir ce rôle dans le film. Elle le crut. Il prétendit plus tard avoir agi par pitié pour Zanuck. Le rôle n'était pas important dans l'histoire et vraiment pas vital pour sa jeune carrière. De plus, Zanuck était tout, sauf pitoyable. Malheureusement pour lui, Romain Gary ne semble avoir eu aucun scrupule à vendre son œuvre et à la laisser mettre en scène par un autre « pitoyable » metteur en scène comme John Huston et à la laisser jouer par de « pitoyables » acteurs comme Errol Flynn, Trevor Howard et autres Orson Welles... Le générique serait trop long et on est en droit de se demander ce qui a bien pu pousser un homme tel que Romain Gary à faire de telles déclarations.

La production au grand complet prendra donc l'avion pour se poser à Fort-Lamy. Pendant le voyage les vagues de chaleur secouent le Constellation et inquiètent les passagers. Jujube dort. Anne-Marie est pâlote. Le jour vient de se lever et la chaleur est déjà forte. Le paysage est sinistre. Les arbres sont tordus à force de vouloir se cacher du soleil et trouver de l'eau. Ils ont la branche maigre et suppliante. Les buissons épineux et la script anglaise Maggy Shipway (qui elle ne l'est pas) présentent leurs compliments de bienvenue dès l'atterrissage sur la piste approximative. Changement d'avion.

Anne-Marie fronce son petit nez devant le physique bouffi et fatigué de l'engin mais monte à bord. Elle se dévisse la tête pour voir ce qui passe au-dessous d'elle et finit par s'amuser. Il n'y a rien à voir. En revanche, à leur descente d'avion elles distraient énormément les autochtones qui leur font un joyeux accueil.

Costume de broussard et visiblement soulagé de les voir saines et sauves, D. F. Z. se consume en même temps que son cigare depuis des heures. L'avion a du retard. Lui, de l'avance.

Départ pour le camp. C'est le mot qui convient. C'est en effet un ancien camp militaire au centre duquel se dresse une longue, basse et rectangulaire construction abandonnée par l'armée depuis peu. L'état-major du film l'occupe ainsi que Gréco, Trevor Howard, Patrick Leigh Fermor, le dialoguiste écrivain, John Huston, le metteur en scène de génie, grand chasseur de fauves et autres oiseaux, et une colonie de termites grimpant pleins d'espoir le long des murs de béton. Ils semblent avancer rapidement et sans tenir compte des obstacles qu'aveuglément, obstinément, ils franchissent tels les soldats le jour du défilé, colonnes par quinze ou vingt, blanchâtres et grouillantes.

Dans la chambre de Gréco ils sont au plafond. Elle a un lit de fer « immangeable » recouvert d'une moustiquaire blanche et mousseuse pour la protéger des insectes volants. Ils sont légion.

La première nuit, elle fera la connaissance d'une hyène qui chasse la charogne près des tas d'ordures derrière le camp, solitaire. Les oiseaux pleurent comme dans les films d'épouvante et Jujube garde les yeux ouverts à la fois par crainte et par curiosité. Les autres dorment dans des cases à une cinquantaine de mètres de là. Le matin, au moment de faire sa toilette, elle découvrira qu'on se lave à l'eau minérale et que point n'est besoin de faire chauffer l'eau. C'est la froide qui est dure à trouver.

Le premier contact avec l'équipe se fait à l'heure du déjeuner, autour d'une immense table dressée sous une toile de tente. Le chef est du sud-ouest de la France, il adore le cassoulet et les ragoûts et il fait quarante à l'ombre. Tout le monde plaisante encore. La fatigue n'est pas installée. Gréco commencera à tourner le lendemain.

Sur la pointe des pieds, Maggy la scripte anglaise vient la réveiller vers 5 heures du matin, avant le jour. Elle s'abandonne aux mains des maquilleurs et des coiffeurs, les Bouban père et fils, et à 6 heures, bigoudis en tête, elle traverse le camp pour aller rejoindre ses amis et prendre le petit déjeuner avec eux. La journée commence pour se terminer on ne sait jamais quand ni où. Le plan de travail n'est jamais suivi.

Huston s'absente souvent, le plus souvent possible. A l'arrière de sa Land Rover repose un véritable arsenal. Peter Viertel a écrit sur Huston un petit livre, *Le Chasseur blanc.* C'est malgré tout à lui que l'on a demandé de mettre en scène *Les*

Racines du ciel. Étrange situation que celle du chasseur qui doit mettre en images l'histoire d'un homme qui se bat pour la protection de l'espèce animale, contre l'extermination de la faune africaine et spécialement celle des éléphants... Il reste si peu de ces pauvres et splendides animaux traqués par les assassins mondains et fortunés que l'on est obligé d'envoyer une troisième équipe à leur recherche, bien loin des lieux du tournage. Ils grèveront de tout leur poids le budget, et cela ne sera que justice.

Huston se sortira de cette situation avec l'élégance qui le caractérise. Il est flexible et long, charmant et coquet à l'extrême. Supérieurement intelligent aussi. Jujube est sûre qu'il trouverait le moyen de séduire un tabouret de cuisine à condition bien entendu qu'il faille le séduire afin de séduire celui ou celle qui est assis dessus. Gréco et lui auront de bons rapports humains car l'humour de John Huston sauve bien des situations difficiles avec D. F. Z. Huston réussira même à se faire offrir un cigare par D. F. Z. Exploit sans précédent au camp. Les cigares de D. F. Z. sont bagués à ses initiales, spécialement pour lui, à Cuba où il possède des parts dans l'une des plantations les plus célèbres. Il est très fier de ses cigares et les porte rangés dans la poche de sa chemise comme d'autres portent leurs décorations.

Les deux hommes se respectent pour des raisons bien différentes et se surveillent du coin de l'œil de la façon qu'ont de le faire deux superbes femmes. Sur la défensive les deux hommes, prêts à combattre pour leur prestige respectif. Mais Huston a pour lui la grâce et il le sait.

Un troisième larron est attendu impatiemment : Errol Flynn! Le major Forsythe du film. Il

sera là demain. Il s'est fait précéder d'un énorme
colis de chez Fortnum and Mason, London. Chacun se demande ce qu'il cache. Nous ne le saurons
qu'à la prochaine étape : Maroua, Cameroun. Car,
par une journée caniculaire, les perdrix, grouses et
autres gallinacés firent exploser leurs cercueils de
fer-blanc en signe posthume de réprobation et
s'envolèrent dans le ciel africain comme des fusées
pour retomber dans le sable et y vivre leur dernier
et dégradant enfer.

En revanche, avec l'arrivée d'Errol, le scotch et
la vodka feront leur apparition dès le premier
petit déjeuner pris en commun. Sournoisement.
Gréco s'étonnait de le voir boire sagement son
grand verre de jus de pamplemousse avant son
café. Elle le lui dit et il partit d'un grand rire. Il lui
tendit son verre et lui fit goûter le breuvage. Un
quart de jus de fruit et trois quarts de vodka.
Violent mais délicieux. Errol était un enfant terrible. Sans songer un instant à la portée de ses actes.
Quoi qu'il advienne, il lui arrivait de décider de ne
pas tourner. Il s'étendait alors sur son lit et
demandait le médecin. Entre-temps, il dévissait
soigneusement l'une de ses dents de devant et
affichait une grande douleur. Le médecin de l'endroit cumulait deux fonctions. En tant que den-
tiste, il avait acquis une force peu commune dans
le mollet droit car sa roulette fonctionnait au pied,
comme une machine à coudre. Il avait afin de
calmer la douleur provoquée par ses soins une
agréable réserve de médicaments. Errol l'avait
appris. La dent fonctionna trois fois mais le trahit
la quatrième. Il passa alors sous la roulette de la
machine cruelle stoïquement, sans une plainte,
sachant qu'il lui faudrait dès lors trouver un autre
subterfuge.

Gréco découvrit en parlant avec lui le soir après le dîner, assise devant sa case, qu'il était un gentleman dont le propos intelligent et drôle la ravissait. Il n'aimait pas Zanuck et s'inquiétait pour Gréco. Jamais elle n'a rencontré quelqu'un venant de Hollywood et ayant connu Zanuck qui ne la mette en garde contre les dangers qu'elle courait... Elle se sentait pourtant en sécurité et libre quand elle le décidait.

Errol avait une attitude généreuse avec les autres, Zanuck excepté. Il souffrait physiquement et ne s'en plaignit jamais. Jusqu'à la fin de sa vie cela ne l'empêcha jamais de rire de tout, y compris de lui-même. Au camp, il se retirait souvent avec Trevor Howard pour pratiquer le langage secret et douloureux de ceux qui se perdent en se cherchant dans le fond d'un verre vide, vidé. Il y a sans doute vu l'image de sa mort.

Jujube a un sérieux penchant pour le personnage de Patrick Leigh Fermor, écrivain de grand talent à l'accent irrésistible. Les mots se bousculent au sortir de sa bouche tant il est anxieux de les offrir, de les jeter comme des fleurs aux pieds d'une bien-aimée. Il adore parler et a tout à dire, dans une bonne dizaine de langues par surcroît. C'est un émerveillement que de l'écouter car il connaît tout ce qui est beau et semble ignorer le reste. Sa culture est surprenante de subtilité et de richesse. Il est amoureux de la Grèce qui est sa seconde patrie, bien qu'il soit parfaitement anglais. Il est aussi homme d'action et il s'illustrera au cours de la dernière guerre par l'enlèvement du général commandant les troupes allemandes en Crète, le tout en parachute. Au souvenir de ces péripéties, il éclate d'un rire homérique (normal), qui est le sien devant les bizarreries de son existence. Gréco reste trop longtemps le soir et la nuit à l'écouter l'enchanter et D. F. Z. marche de long en large dans ce qui lui sert de chambre en attendant que la traîtresse rentre enfin dans la sienne. Les yeux de D. F. Z. ont des lendemains déchirés d'éclairs noirs.

La cervelle de Jujube a besoin de vitamines et elle les consomme où elle les trouve. Rafraîchissantes pour elle, elles brûlent celui qui ne les possède pas. Gréco rôde la nuit et va boire et rire avec ses amis.

Claude Azoulay, photographe à *Paris-Match*, arrive. Tous les prétextes sont bons pour étirer son reportage au maximum afin d'avoir de bonnes raisons de sortir du camp. Azoulay est non seulement un photographe de grand talent mais encore un ami, un homme délicieux et doux, rieur. Personne n'a l'envie de le voir repartir. L'endroit ne manque pas de sujets à photographier : Coco Aslan, qui n'en revient pas de voir ce qui se passe autour de lui, Olivier Hussenot qui se promène en cache-sexe rouge et chapeau de paille, protégé par une ombrelle de la même couleur, le comte Friedrich Ledebourg, géant descendu de ses montagnes autrichiennes et qui joue le rôle d'un entomologiste distingué, ce qu'il est vraiment, et qui suit Morel-Trevor Howard dans sa défense des éléphants, Paul Lukas, odieux et jamais content, grommelant des insultes, Hettier de Boislambert, conseiller technique du film, héros de la Résistance et de la guerre, colonel et gouverneur militaire de la Rhénanie, qui aime les Africains et leur parle un langage qu'ils semblent comprendre. Son extrême courtoisie en toute circonstance le fera respecter et aimer de tous, Blancs compris. Maurice de Cannonge, le metteur en scène devenu

acteur pour les besoins de la cause car il veut
continuer dans cette voie, a soixante-cinq ans. Il
est charmant et rêve de prouver à la profession
tout entière qu'il est capable de faire un film qui
ira au festival de Cannes. Il regarde les millions de
dollars s'envoler chaque jour d'un œil mélancolique, songeant à ce que l'on pourrait faire avec les
dépenses inutiles. Il n'a pas tort. Marc Doelnitz,
qui papillonne au-dessus de tout en s'amusant et
puis les autres, les responsables. John Huston et sa
façon très particulière de donner des indications
aux acteurs, en exécutant une sorte de danse
autour du plateau, remuant avec grâce ses longs
membres flexibles, et se penchant vers D. F. Z.
pour entendre quelque avis de son producteur
environné de fumée, et continuant sa danse en
retournant vers les acteurs subjugués, Trevor
Howard, Errol Flynn, Eddie Albert... Pauvre
Eddie Albert ! Ce célèbre acteur américain crève
de peur d'avoir à affronter le continent noir. Il a la
manie de la photographie et a transporté avec lui
un matériel sophistiqué et nombreux qui fait
mourir d'envie les spécialistes. Son but suprême
est de photographier le lever du soleil. La chose en
elle-même peut sembler innocente, mais le fait
qu'il n'a pas encore pu, après huit jours de
présence sur les lieux, réussir à surprendre Phébus
au saut du lit, commence à intriguer sérieusement
tout le monde. Une cantine bourrée de médicaments et entreposée dans sa case apporte la
réponse : leur effet est contestable. D'autant plus
contestable que, maintenant, Eddie Albert dort la
moitié du corps à l'extérieur de son habitation et
la tête la première, coiffée de son slip en guise de
bonnet de nuit. Il loupera systématiquement l'instant furtif où son art aurait pu s'exprimer et, pour

se consoler, décidera à la fin de son contrat de
descendre le fleuve ou de le remonter dans le but
de rencontrer le docteur « S ». « S'il vous plaît
quelle heure est-il ? » Il ne trouvera rien ni personne, ne se perdra pas pour autant, mais ramera
énormément. Il a depuis retrouvé son sang-froid.

Philippe Héduy est venu rejoindre Anne-Marie
qui, enchantée, lui fait faire le tour du camp, dont
les rues portent des noms invraisemblables : Via
Veneto, Sunset Boulevard, rue La Boétie, etc. Il
sourit.

Le soir, l'état-major est invité à dîner chez le
chef de région. Huston est d'une rare élégance,
entièrement vêtu de blanc immaculé, et Darryl,
complet veston de soie crème, chemise et cravate
coordonnées, n'est pas mal non plus. Jujube s'ennuie ferme et écourte la soirée, prétextant une
grande et réelle fatigue. Darryl la raccompagne au
camp. Pour une fois, elle se couchera tôt. Elle a
promis de revenir le lendemain pour voir les
girafes et le tigre. Ils possèdent aussi un perroquet
farceur. Elle y retournera donc et, là, s'amusera
beaucoup. La conversation prendra une tout autre
tournure et elle apprendra les potins locaux qui ne
manquent pas de sel ni d'une certaine inquiétude.
Le continent noir s'est éveillé et commence à
bouger de manière évidente. Les petits Blancs ne
sont pas rassurés mais continuent d'espérer. Ils ne
veulent pas croire à la fin de leur règne. Il leur
faudra apprendre à partir, à libérer les lieux. Ce
sera très dur.

Après sa visite au zoo miniature, Gréco retrouve
Philippe Héduy et Anne-Marie qui l'attendent en
compagnie de Marc et de Claude Azoulay dans un
bar tenu par un Français. Une mangouste futée
trottine entre les tables et veut jouer. Jujube la

caresse longuement et l'animal se laisse faire avec plaisir. Elle se prénomme Kiki. Le patron fait cadeau de l'animal à Gréco et Jujube est heureuse. L'animal part pour le camp où elle va commencer une série de mémorables bêtises. Elle a une fâcheuse tendance à considérer que les objets, quels qu'ils soient, sont faits pour être brisés, dans le cas où ils contiendraient un œuf, ou bien totalement mis à plat et chaque lambeau exa- miné, dans le cas où ils sont incassables. On la trouvera un soir à Maroua, dans la case de D. F. Z., ayant mis à sac l'armoire à linge et deux boîtes de cigares de La Havane, de ces somptueux cigares bagués aux initiales du propriétaire et qui font sa joie. Le propriétaire en fait une maladie. Ses cigares ! Objets de la convoitise générale chez les autres mâles du camp, ses précieux cigares, longs comme des bâtons de vieillesse, rongés par cet inconscient et joyeux animal !

Kiki, surprise par le courroux de Darryl d'habi- tude si conciliant avec elle, se sauvera à toutes pattes pour venir se réfugier sur l'oreiller de Jujube où elle passe ses nuits. Elle rentrera en grâce un matin où il la découvrira en train de terminer la dégustation d'un serpent comme d'au- tres un spaghetti ! Darryl pardonnera devant le courage et l'appétit de Kiki.

Un autre animal viendra troubler la tranquillité des responsables : une panthère de trois mois que l'on a apportée à Gréco, en sachant lui faire plaisir. Il n'y a qu'à elle que cela fera plaisir. Tout le monde est effrayé de voir Jujube se promener, la panthère posée comme une ceinture de flanelle autour de sa taille et les pattes coincées sous ses bras, retenues fermement de ses deux mains. Jujube est aux anges et la fait dormir sous son lit.

Couchée, elle se penche pour regarder dans la nuit les yeux phosphorescents du petit fauve.

Claude Hettier de Boislambert qui s'y connaît en animaux sauvages se fait un noir souci. Il va sûrement arriver un malheur, se dit-il et dit-il aux autres déjà au comble de l'inquiétude. Il s'arrange pour subtiliser l'animal alors que Gréco est partie tourner au loin. Elle rentre le soir tard et son premier geste est d'aller dans sa chambre surveiller le comportement de la petite panthère. Elle a disparu. Jujube affolée commence les recherches. Rien. Des visages fermés. Gréco est sur le sentier de la guerre. Darryl se planque dans la chambre de Huston et fait semblant de travailler. Jujube sent que l'une des oreilles de Darryl traîne à sa suite, l'accompagne dans ses recherches. Elle entre dans une colère glacée et prie Maggy la script de bien vouloir demander à Darryl de la rejoindre dans sa chambre.

Jujube sait qu'elle a perdu. D. F. Z. ne revient que tard dans la nuit en rasant les murs. Jujube l'attend, elle l'entend. Les portes ne ferment pas. La lune éclaire le rectangle de béton. Jujube glisse sur le sol comme quand elle était petite et, sans bruit, entre dans la chambre de l'ennemi. Il se soulève, le masque de travers, enlève les boules de cire de ses oreilles et allume la lumière. Elle se jette sur lui et le roue de coups, cruellement, silencieusement, n'importe où, partout, vite et fort. L'homme se défend, il a été surpris dans son sommeil et surtout, a bu plus que de raison. Il connait Gréco, sa violence. Ils se battront un long moment et elle l'insultera.

Personne cette nuit-là n'a osé rejoindre sa belle. Tout le monde pour une fois a dormi (peut-être). Le lendemain est de miel, personne ne se plaint, on ne sent plus la puante et collante chaleur, on trouve que D. F. Z. est charmant et qu' « il a absolument raison ». C'est vrai dans le mensonge.

Jujube le sait déjà quand Maggy, vers 5 heures, vient pour réveiller Gréco qui ne dort pas. Maggy est une Anglaise exemplaire. Pas un mot sur les événements, jamais. « No personal remarks. »

Petit déjeuner, bigoudis en tête, à 6 heures avec Errol hilare et Trevor royal. Tout le monde sait tout et se tait. Hettier de Boislambert est à la recherche d'un indispensable troupeau d'éléphants pour plusieurs jours. Prudent. Il l'échappe belle. Jujube regarde ses mains vides. Elle a mal et froid à l'absence tout autour de sa taille. Elle revoit son grand-père un soir à table, arborant une chemise neuve et fixant ses poignets avec insistance. La grand-mère s'inquiète et demande : « Qu'y a-t-il, mon ami ? — Eh ! regardez, ma mie, il manque un centimètre à la longueur de ces manches, ce qui fait que de là à là, j'ai froid. » Pareil. Où est-elle aujourd'hui, la bête douce et chaude ? Jujube se recroqueville comme une huître recevant une goutte de citron. Elle souffre et part seule avec son chauffeur africain. Elle n'a pas envie de participer aux conversations de ces hypocrites.

Pendant le trajet, le chauffeur lui fait une étrange proposition : « Si tu veux je peux te rendre invulnérable aux balles de revolver. Seules les balles d'or ou d'argent pourront t'atteindre. » Jujube est consciente de la chose. Elle le remercie sans entrer dans les détails et sans demander d'explications. Elle croit les connaître. Ils arrivent dans une immense prairie à l'herbe haute et verte. Surprenante Afrique. La production prudente a fait construire des baraquements pour les acteurs.

Pendant que Jujube se change, son chauffeur se tient devant le rideau-porte. Elle est prête et amorce une sortie normale quand, brusquement, elle se retrouve à quelques centimètres du sol, soulevée par les bras puissants de son gardien ami et voit disparaître dans un bruit de papier de soie déchiré un long serpent noir. Elle enroule ses bras autour du cou de l'homme, l'embrasse et s'évanouit. On la croira fatiguée car, quoique verte, elle ne confiera son secret à personne.

Tout le monde rentre au camp où, le soir avant le dîner, Orson Welles fait une fracassante entrée en scène. Il secoue un peu la torpeur qui commençait à s'emparer des techniciens. Il y a de quoi être secoué, les cigares d'Orson sont aussi longs que ceux de D. F. Z. Le producteur lève les yeux, les plisse et jauge en connaisseur. Tout le monde retient son souffle. Inutilement. Zanuck aime Orson et tout se transforme en un énorme rire de part et d'autre. Il était temps.

Orson écrase les autres de sa présence, sa corpulence, son intelligence et son génie. On ne peut que rester béat devant un tel individu. Avec Alexandre Astruc et Anne-Marie, Jujube a vu plusieurs fois *Citizen Kane, La Splendeur des Amberson*, etc. Ce sont des inconditionnels de Welles. Un soir de 1947 ou 1948, partant en compagnie de la belle Annabel pour le Carrol's, la boîte de nuit à la mode tenue par une homosexuelle habillée d'un smoking impeccable, « Frede », ils s'arrêtent et entrent dans le bar d'un hôtel tout proche pour boire un verre en attendant l'ouverture. Orson Welles est là. L'immense qui peuple leurs discussions les plus passionnées, le fabuleux ogre dévoreur de pellicule et d'âmes est là, tranquillement installé en compagnie d'un grand scotch. Il le quitte pour eux. Ils n'en peuvent croire leurs yeux. Il vient au Carrol's en leur compagnie et parle des heures au cours de cette courte nuit. Il boit, parle et boit. Ils écoutent et poseront même quelques questions. L'une d'elles est encore toute fraîche dans la mémoire de Jujube : « Comment avez-vous pu réaliser le plan du verre dans *Citizen Kane ?* » C'est Anne-Marie qui pose la question et il y répondra tout simplement. Astruc est fou de bonheur, elles aussi. Il racontera Hollywood et ses mensonges, ses crimes, sa folie et sa magie. Ce Hollywood qu'il a tenu dans le creux de sa main de géant et de génie. Il a tout donné à ces studios, à cette époque, leurs plus beaux films sans doute, et il les a quittés, à l'âge de trente ans. Il ne leur a pris leur argent que pour le transformer en quelques mètres d'éternité perforée. Il a compris cette nuit-là à quel point cette cruelle jeunesse l'aimait et se le rappellera à chaque nouvelle rencontre. Il est adorable avec Gréco. Darryl en est fier et ravi. Malheureusement, son passage ne sera que de courte durée, car il doit partir tourner dans la brousse avec les problématiques éléphants. Son passage laissera une certaine odeur de soufre. La même que celle qu'il laissait flotter dans son sillage quand il arrivait au studio le matin très tôt, avant tout le monde, pour s'enfermer seul dans sa loge et procéder à la transformation de son visage, le scrutant férocement pour y découvrir l'autre, le personnage qu'il devait devenir à l'écran, incarner. Avant l'arrivée de l'équipe, la transformation était accomplie. « Drame dans un miroir »...

L'homme sait tout faire. Il est prodigieux. Il y a lui et puis les autres. Personne n'a jamais fouillé dans la boîte à maquillage où il cache les visagesmasques de ses différentes créations, et qu'il enferme à clef comme, on l'imagine, Barbe-bleue enfermait ses femmes mortes, assassinées, vidées de leur sang.

Gréco a souvent fixé ce mystérieux objet, ne pouvant s'empêcher de créer une relation entre lui et son presque semblable, posé en évidence sur le devant de la scène par Orson Welles dans le *Faust* de Marlowe. La seule notable différence était que de la boîte noire et close, celle qui jouait un rôle, sortait un diabolique bruit d'horlogerie, un bruit angoissant comme celui qui se dégage d'un engin piégé.

Quelques années plus tard, la même angoisse l'étreindra à la première projection de *Belle de jour,* le film de Luis Buñuel, dans lequel, au cours d'une scène entre Catherine Deneuve (extraordinaire) et un client énorme et asiatique, l'homme soulève le couvercle d'un coffret et en montre à la jeune femme le contenu. Ils semblent fascinés à la vue de ce spectacle qui nous restera interdit. Seule, la musiquette fade qui en sort nous est autorisée. Jujube offrira à Buñuel une petite boîte en or. Muette. Sans explications.

A Maroua, quand elle est libre de s'y rendre, Jujube affectionne les jours de marché. C'est une occasion parfaite pour se retrouver entre copains, faire des bêtises et rire. Les hommes du village sont tous là, et certains sont couturiers, à leur manière. Ils cousent et brodent à toute vitesse de superbes djellabas soit de coton blanc, soit dans un bleu naturel, végétal, ou encore dans des cotonnades multicolores, fabriquées en Hollande... On achète, on donne à faire, et ils travaillent avec une incroyable maîtrise. Les odeurs qui nous environnent sont particulières, mélange de poisson séché, effluves venant des montagnes d'épices et des pyramides de fruits exotiques. Tout est à terre, sur des étals de papier ou de tissus déchirés, retenus aux quatre coins par des pierres enfoncées dans le sable. Les parfums se mélangent étrangement, brassés par l'air déplacé par la clientèle aux longues robes à larges manches. Les objets de bois eux-mêmes sont imprégnés de l'atmosphère du marché et, de retour en France, ils garderont le souvenir intact. Tout le monde achète n'importe quoi parce que n'importe quoi séduit.

Marc, de retour de ses affrontements avec les éléphants (lui les a vus) et ayant échappé à de sérieux incidents de parcours, donne un bal pour fêter la providence protectrice et ses copains de la troisième équipe avec laquelle il a partagé les risques. Il faut donc écumer le marché et se faire faire au plus vite des costumes. Ce sera pour le plus grand plaisir des marchands qui sourient devant cette agitation apparemment stérile. On dansera et on boira un punch délicieux, confectionné par nos soins sous la haute direction de Marc.

Un dignitaire du village, drapé de blanc, viendra calmer les esprits joyeux et leur donner matière à réflexion. Il raconte de quelle manière il exerce ses pouvoirs absolus. Il fait attacher ses prisonniers, assis le long du mur d'un souterrain clos à chacune de ses extrémités par de fines grilles. A l'intérieur, il laisse des poules en liberté mais sans nourriture. Ceux qui sont libérés après quelques jours ressortent avec des pieds de dentelle. Les autres finissent entièrement picorés et n'ont de ce fait pas à ressortir. Il ne mentionne pas la présence des chiens pour les os.

Jujube a la nausée. Elle boira trop. Elle a besoin d'oublier mais ne mangera plus de poulet jusqu'à la fin de son séjour. Elle mangera d'ailleurs de moins en moins et sera de plus en plus faible.

Vers la fin du tournage la totalité de l'équipe se retrouvera dans un hôtel climatisé avec une piscine pleine d'eau limpide. Les autres se baignent mais elle doit garder la chambre. Elle est malade et souffre d'un vilain furoncle au coin de l'œil droit. Elle a une constante et forte fièvre.

Un après-midi plus maussade encore que les autres, elle se lève et ouvre ses placards. Elle joue à mettre de vraies chaussures avec des talons aiguilles très hauts. Elle sort sa valise de maquillage, l'ouvre du côté de la glace et se regarde. Elle se fait peur. Elle reste un moment immobile devant son image déformée et tire instinctivement sur le petit tiroir dans lequel repose la grosse et douce houppette de cygne sur son lit de poudre de riz.

Elle soulève la houppette et dérange ostensiblement quelqu'un : c'est une très grande et très agile tarentule, toute poudrée... Jujube, sans la quitter des yeux, enlève l'une de ses chaussures, laisse le monstre faire deux bonds sur le mur blanc et de toutes ses forces enfonce le talon d'acier dans le corps de la coquette. Quelques mouvements nerveux des longues pattes et c'est fini. Jujube la fixe un moment, surprise. Elle est presque triste d'avoir tué.

Depuis une semaine, l'équipe du film bavarde. On croit que Gréco a un peu perdu la raison. Jujube se met à rire toute seule... Piquée de la tarentule ! Même pas. Elle retrouve ses forces, s'agite, se saisit d'un mouchoir en papier et attrape avec délicatesse la morte. Quelques pas, et elle la lâche dans la lunette des cabinets. Elle la surveille, ne tire pas la chasse et souriante retourne se coucher. Satisfaite. La fin de la journée de travail arrive et on vient faire une visite à « cette pauvre Gréco qui file un mauvais coton ». Jujube s'enfonce sous ses draps et reçoit ses visiteurs comme on reçoit les derniers sacrements. Tout à coup, n'y tenant plus, elle se dresse sur son lit et dit : « Aujourd'hui, j'ai tué une tarentule. » Stupeur générale et regards affolés. On la calme, on lui demande de ne pas s'agiter. « Nous allons te laisser, il ne faut pas te fatiguer. — Non, non, dit Jujube, allez voir dans les cabinets... » Marc s'y rend et pousse un hurlement. Jujube jujubile.

On la rapatriera quand même peu de jours plus tard pour l'installer à l'Hôpital américain, à Paris. Elle est atteinte d'une profonde et grave anémie dont elle ne se remettra que lentement et difficilement. A son arrivée à l'aéroport, la maman-officier-grand-mère est au pied de l'avion avec les photographes et, dans ses bras, l'enfant de Jujube. Jujube ne voit que sa fille, Laurence, floue derrière le brouillard de la fatigue. A l'hôpital, des ordres stricts ont été donnés. Les visiteurs sont soigneusement filtrés dès leur arrivée. Elle respire un air aseptisé et sinistre. Pour la première fois de sa vie, elle s'ennuie. On murmure le mot « cancer ».

Pourquoi et comment Jujube continua d'habiter chez elle. Comment elle s'évada. Petit voyage dans le passé à bord du paquebot « Cinéma ». Cocteau, Duvivier, Melville, Selznick, Renoir... et autres personnages fabuleux.

La cage est belle et propre, mais l'animal de plus en plus sauvage. D. F. Z. se prépare des lendemains où Jujube chantera pour d'autres que pour lui. Enfin, Jujube rentre chez elle. Elle rentre chez elle pour la bonne raison qu'elle n'a jamais habité chez personne. C'est certainement beaucoup plus cher mais infiniment plus plaisant. Pratique. Elle ne fait ses valises que pour voyager. D. F. Z. hante les palaces et Gréco lui rend visite. Elle l'accompagne dans presque tous ses voyages et au cours de l'un d'eux, à New York, D. F. Z. lui présente son avocat. C'est un charmant homme un peu gêné. D. F. Z. vient de refaire son testament et voudrait de son vivant faire des dons très importants à Jujube. Jujube, après des heures d'explications avec l'homme de loi, finit par lui faire comprendre les raisons de son refus. Elle recevra quand même une copie du testament avec certaines clauses en sa faveur et entrera dans une grande colère. Après leur séparation, Gréco aidée d'Anne-Marie Cazalis écrira une série d'articles pour *Match* où il sera question de D. F. Z. Il lui intentera un procès, mais l'avocat du grand producteur lui écrira pour lui proposer de témoigner en sa faveur. Courageux le monsieur. Intègre.

Quelques mois plus tard, Jujube cessera de voir D. F. Z. Elle le quittera. Cette situation provoquera de gros orages. Il retirera sa plainte mais exprimera les siennes. Il est sincère mais Jujube est décidée.

Il était malheureux, elle n'était pas heureuse. Elle retourne à ses amours, la chanson. Pour que son bonheur soit complet, elle chante à Bobino, là où elle a débuté au music-hall. Ce n'est qu'après la première représentation qu'elle apprendra que le grand petit homme était là, venu pour l'écouter. Il était reparti seul, comme il était venu et sans rien dire.

Jujube rentrera dans sa vie de bête féroce et libre sans remords. Elle aime le cinéma, mais elle ne s'aime pas au cinéma. Pourtant, il y a quelques années, elle a eu une chance fabuleuse pour ses débuts dans le septième art : *Orphée*, de Jean Cocteau, dirigé par lui-même. Cocteau, à la limite de l'humain, statuette de Giacometti coulée dans un métal précieux inconnu, qui irradie et qui bouge, qui tue et qui fait naître à coups de mots et de gestes qui semblent appartenir à un rituel magique. Cocteau, qui demande à Gréco de jouer le rôle de la reine des Bacchantes aux côtés de la frémissante glacée-volcanique Maria Casarès, Jean Marais doux et beau comme devraient l'être les anges, François Périer, admirable comédien, dont on ne sait si les yeux de charbon de bois sont éteints ou, pudiquement, brûlent encore, Marie Déa, soumise Eurydice, et Doudou, devenu depuis le fils de Cocteau, attentif et étonné comme un enfant qu'il est, et qui par la magie du poète se promènerait dans les images de son livre refermé.

Jujube regarde, écoute, elle est comblée. Ses yeux brillent aux reflets des trésors offerts.

En 1949, elle avait fait de la figuration dans *Au royaume des cieux*, de Julien Duvivier. Elle y a appris que la patience est l'une des vertus maîtresses de l'acteur. Attendre sans broncher, sous les hurlements du metteur en scène et les ordres des assistants. A cette époque, la mode est au metteur en scène-de-génie sadique. Cocteau l'intemporel échappe à la règle.

Sous les traits de Rudolph Maté, le cinéma américain viendra en 1951 lui offrir un rôle intéressant dans *Le Gantelet vert*, contrairement au film. Cela lui permettra de surveiller l'angoisse de Glenn Ford à la découverte de sa calvitie naissante et le trouble profond qui l'envahit, conditionnant tout ses gestes, ses attitudes. Il est un grand professionnel, un réel acteur.

Le grand-père de Jujube était vieux mais pas chauve. Elle ne savait pas que les hommes peuvent avoir ce qu'on lui avait enseigné être des « inquiétudes de femme ». Coquetterie-panique.

En 1953, elle reçoit un télégramme de Londres accompagné d'un billet aller et retour (de première classe) ainsi qu'une réservation pour une suite à l'hôtel Savoy. Le tout porte la signature de David O'Selznick. Pas de raison apparente de refuser.

Dès sa descente d'avion, elle est réceptionnée par une secrétaire qui la mène directement à l'appartement de M. David O'Selznick. Celui-ci est dans son salon, les cheveux argentés et l'air plaisant, un dossier à la main. Il fait asseoir Jujube dans un fauteuil et la demoiselle secrétaire pose le bout de son petit derrière sur le bord d'une chaise, tout en sortant de son sac un stylo et un bloc.

Propositions. Jujube écoute sans rien dire quand M. David O'Selznick lui fait part des projets qu'il nourrit pour elle, et de la manière dont les choses doivent se passer dans le travail. « Ce sont les règles habituelles quand on signe un contrat de sept ans... »

Les yeux de Jujube deviennent fixes. M. David O'Selznick poursuit : « Cela dit, il est bien entendu que le studio a tout pouvoir sur le choix des rôles, de la forme de publicité qui lui conviendra... votre coiffure par exemple... » Gréco est debout, comme mue par un ressort caché sous son siège et prend congé. « Je vous remercie, monsieur, mais j'ai un caractère épouvantable, je suis un cheval échappé... » Elle est à la porte où M. David O'Selznick n'a pas eu le temps de la raccompagner. Elle dit « Au revoir », elle est dans le couloir qui mène à sa suite, s'y munit de sa petite valise et prend un taxi pour l'aéroport. Libre. Elle a vingt-six ans.

1954. Jean-Pierre Melville offrira à Jujube le rôle féminin principal dans *Quand tu liras cette lettre.* Philippe Lemaire, l'idole des femmes jeunes et moins jeunes, sera son partenaire. D'abord, Jujube portera l'habit de religieuse pour les besoins du scénario et se réjouira fortement mais secrètement de la chose. Le film recevra un bon accueil, sans plus.

Mais Jujube a profité de chaque instant passé avec Melville qu'elle adore et admire. Elle épousera à cette occasion le père de sa fille, le blond, ravissant, rieur Philippe Lemaire. Le très bon comédien trop beau.

En 1955, c'est la rencontre avec Jean Renoir. *Elena et les hommes.* Elle y chante et y joue la comédie. Renoir la convoque au studio et fait apporter dans sa loge un énorme tas de jupons, blouses et châles dépareillés. Il explique à Jujube ce qu'il attend du personnage qu'elle doit interpréter et la plante là, devant sa montagne de chiffons, retournant de son pas élastique d'ours subtil vers son travail. « Choisis ce qui te plaira et viens me montrer. » Sylvia Bataille qui passait par là pour l'embrasser la trouve dans un état de perplexité aiguë. Sylvia, la douce et belle Sylvia, l'encourage et Jujube réconfortée commence le tri. Elle finit par s'amuser beaucoup, et satisfaite de son choix se regarde dans la glace. Le jeu est fini, il faut descendre sur le plateau et se planter comme un point d'interrogation devant le juge. Elle fait son entrée, un peu trop pâle. Renoir se déclare satisfait. Jupe longue de velours mou et râpé au noir incertain, blouse fleurie qui a oublié ses couleurs d'origine, châle de soie élimée, ce sera Miarka la bohémienne.

Jujube respire profondément et regarde autour d'elle, s'arrête au sourire charmeur de Mel Ferrer et à celui rayonnant d'Ingrid Bergman. Très belle dame, Mme Bergman, moulée dans une robe de dentelle écrue et s'appuyant sur le bras du général Boulanger-Jean Marais dans son uniforme de gala, égal à lui-même, superbe.

Jean Renoir, à l'intérieur de ce dévorant métier, a su rester un être humain chaleureux. Jujube se donne un mal fou pour ne pas le décevoir et assiste à toutes les scènes pour regarder jouer les autres et apprendre ce qu'elle peut comprendre.

Par un petit matin neigeux, elle arrive les paupières bouffies par les larmes. Roland Alexandre, le jeune comédien du Théâtre-Français avec lequel elle a depuis peu une aventure amoureuse s'est suicidé dans la nuit. Il lui a téléphoné plusieurs fois au cours de cette même nuit, mais Jujube voulait être seule. Elle se lève à 6 heures pour tourner, joue le soir *Anastasia* au théâtre Antoine et chante la nuit à La Villa d'Este. Elle est épuisée. Elle dort à moitié pendant que Roland lui tient des propos qu'elle croit être des propos d'homme ivre. Déjà, tout à l'heure, à La Villa d'Este, il l'a torturée un peu avant son entrée en scène, l'accablant de coups de téléphone perfides, l'accusant de ne pas désirer le voir pour des raisons obscures, la soupçonnant d'on ne sait quelle trahison. Son dernier appel sera le prélude au silence total.

Mel Ferrer, qui est devenu son ami, la prend en charge. Il la cache dans sa loge à l'abri des journalistes qui commencent à affluer et entre chaque prise elle y retourne se glisser sous une couverture comme un animal frileux. Elle écoute Mel parler, lui expliquer qu'elle n'est pas responsable. De toutes ses forces, elle tente d'y croire.

Son arrivée au théâtre se fait sans encombres. Simone Berriau, capeline de velours noir de circonstance arrimée par une jugulaire de gros grain fait son entrée. Elle a en toutes circonstances et en tout état de cause le sens du théâtre. Gréco est à sa table de maquillage et cherche la manière la plus efficace de masquer les traces de son chagrin. Pas facile.

Le geste ample et tragique, le visage grave,

Simone Berriau commence son homélie puis tourne court sur l'actualité brûlante. « Les photographes sont là et tu n'es pas sans savoir, ma petite fille, que la presse est déchaînée contre toi. Les amis de Roland te rendent responsable de son geste. »

Gréco se tait et continuera de se taire contre toutes les attaques lancées contre elle. Elle ne se croit ni ne se sait responsable. Maintenant, après cette interminable journée passée à réfléchir, elle est persuadée que l'on ne se tue pas pour un autre que soi-même.

Sa réputation de cruelle atteint son apogée. Elle s'en fout. Plus tard elle l'utilisera habilement. La chose lui donnera un sentiment de liberté d'action. Si féroce fût-elle. Elle gardera les lettres de Roland et son souvenir.

En 1956, avec Jean-Claude Pascal, jeune premier de charme, et Jean Servais, ce sera *La Châtelaine du Liban,* suivi de *L'Homme et l'Enfant :* Gréco transformée en Eurasienne sadique fouettant Nadine Tallier à coups de ceinturon. La jeune starlette adorée de la gent masculine est devenue baronne. Elle est heureuse et peut dorénavant, si elle le désirait, choisir celui ou celle qui la fouetterait. Mais elle est une douce et charmante personne.

Eddie Constantine, qui est la star du film, se fait beaucoup rire pendant les projections du travail de la veille. « Il est terrible ce type-là », dit-il en se regardant dans les yeux. Eddie Constantine est gentil et tendre. Il prend soin de chacun avec amitié et bonne humeur et le film devient une vraie partie de plaisir, contrairement à l'histoire. Ils deviennent les meilleurs amis du monde. La fête que notre vedette donnera à la fin du film sera mélancolique. Personne n'avait envie de se quitter. C'est une réussite.

Puis le Mexique, avec *Le soleil se lève aussi*, et Zanuck qui fera de même pour présenter ses hommages à Gréco.

La grande aventure de *Belphégor*, le fantôme du Louvre, commence en 1965, sous la direction de Claude Barma dont il est devenu inutile de saluer les mérites. Le nom de Belphégor restera à Gréco. L'impact du feuilleton télévisé est tel que des articles dénoncent le danger qu'il représente sur le psychisme des enfants et leur sommeil. Gréco est au Japon pour la sortie de la série et quand elle débarquera au Bourget à son retour, elle se trouvera ahurie devant un douanier lui ouvrant le portillon et cérémonieusement lui disant : « Passez, Belphégor » avec un brin d'humour bien plaisant dans cette situation qui parfois tourne à l'affrontement. Elle comprendra alors le phénomène déclenché par la télévision. Au cours du tournage, François Chaumette, l'âme noire de l'histoire, démentira toutes les apparences en s'avérant un homme d'une profonde gaieté et d'une égalité d'humeur à nulle autre pareille. Voilà un personnage victime d'un physique « inquiétant », dit-on, alors qu'il est troublant, ce qui est bien autre chose. Travailler, jouer la comédie et donner la réplique à un homme de cette qualité est un privilège. Un exemple. Et puis il rit. Il sait laisser, quand la pièce est finie, son personnage enfermé dans sa loge au moment où il quitte le théâtre, et ce jusqu'au lendemain à l'heure de la représentation suivante. Il a la courtoisie et la force de redevenir lui-même. Ils sont peu nombreux de cette sorte d'acteur. Dommage.

Gréco travaille beaucoup pour la radio à cette époque. Claude Dufresnes lui fait enregistrer toute une série d'émissions sur la vie de George Sand dont elle interprète le personnage. Elle aime ce travail anonyme qui lui permet d'aller aussi loin qu'elle le veut dans l'intention. Elle est invisible, donc protégée. Inaccessible. A l'aise presque. Claude Dufresnes l'aide et ils passent dans ces studios minuscules et inconfortables des moments enrichissants pour elle.

Dans ces couloirs tristes, un tout jeune homme brun, pâle, pianiste de jazz et esprit subtil, promène son regard intérieur. Pierre Bouteiller. Il deviendra ce que l'on sait. Le plus bizarre chez ce personnage n'est pas sa brillante intelligence, ni son humour superbement féroce et assassin, ni la profonde connaissance des choses dont il parle (phénomène assez exceptionnel pour être mentionné), mais bien plutôt son intégrité totale entraînant fatalement un courage peu commun. Surprenant Bouteiller. Digne. Élégant.

Jean Chouquet demande à Gréco de participer à des émissions poétiques. Ce Raminagrobis à l'œil perçant est amoureux de la poésie et des poètes. Il ronronne doucement les textes avant de les confier aux interprètes et se sépare de la feuille de papier comme à regret. Derrière la vitre de la cabine il sourit en écoutant les vers. Il fait un métier qu'il aime. Il promènera sa rondeur pensante jusqu'à la direction de notre actuelle Radio-France. Eh oui ! La poésie parfois assied ses amoureux dans de drôles de fauteuils...

José Artur, un peu plus tard, fera pétiller les mots comme personne dans la trompe d'Eustache de l'auditeur conquis par ce ton nouveau, cette

manière d'empaqueter luxueusement, précieusement, le fiel secret du mot.

Gréco continuera de rencontrer d'éblouissants
êtres humains tout au long de sa vie, comme Fritz
Lang, avec lequel elle déjeunera, boira et dînera.
Elle l'écoutera surtout. Elle sera effrayée par ses
mains immenses, démesurées, prêtes à vous étran-
gler ou vous protéger, on ne sait trop, soignées à
l'extrême et qu'il pose de tout leur poids sur vos
épaules ou vos genoux. Ses yeux l'abandonnent.
Son travail aussi. Il souffre et c'est peut-être là la
vraie raison du malaise que l'on éprouve à le
regarder, de la presque peur qu'il inspire. La main
de la mort est sur son regard. Glacée. Jujube a du
chagrin. Pendant qu'en toile de fond se déroule le
drame de chaque instant de la vie de Fritz Lang,
sa compagne raconte : Marlene Dietrich son amie
d'enfance, qui se surveille dans un miroir à trois
faces qu'elle a fait entourer de lampes fortes afin
de se mieux voir, de déceler dans son admirable
reflet la moindre imperfection, cherchant sans
trêve de nouveaux maquillages et de nouvelles
couleurs de fards, bien que la pellicule soit encore
en noir et blanc. Le miroir de Marlene sera copié
dans le monde entier, de même que tout ce qu'elle
fait, crée ou choisit. Marlene se maquille, elle
essaye un nouveau coloris sur ses paupières par-
faites, et son amie assise sur son lit juste derrière
elle la regarde se regarder. Jujube participe et
croit avoir vu Marlene ce jour-là à l'instant précis.
Elle vit le passé de la vieille dame. Intensément.
L'amie demande à Marlene : « Quelle est cette
nouvelle couleur que tu étales sur tes paupières ?

— Qu'est-ce que cela peut te faire puisque si
peu de gens te regardent ? » répondra Marlene...

Elle est encore très belle, l'amie d'enfance de

Marlene. Marlene aussi. Sans doute plus que toute autre. On comprend qu'elle sera toujours la plus belle et qu'une toute petite égratignure saigne encore quelque part dans le cœur de l'amie de toujours. Celle qui sera la dernière à entendre respirer Fritz Lang.

Pour un temps, Jujube oubliera le cinéma et retournera à ses amours. La chanson. La solitude. La difficulté du choix, le déchirement du refus, la recherche de ce qui est presque pur, le contraire de la facilité.

Françoise Mallet-Joris et Michel Grisolia ont écrit sur Gréco un livre qui la bouleverse. Ce sont de surprenants décrypteurs du secret langage de l'âme si tant est que... Ils ont parlé du travail de Gréco comme personne ne l'avait jamais fait. Gréco est sensible et attentive à la critique. Elle en tient compte. Elle voudrait approcher la vérité, perfection épurée. Elle mesure le chemin à parcourir mais persiste. Elle n'a que peu d'amis dans son métier, à l'exception des orchestrateurs, auteurs et compositeurs dont elle a chanté et interprété les œuvres.

*Les amours de Gréco la chanteuse. Sa
famille dans le travail.*

Il y a vingt-cinq ans de cela, se présenta chez
Gréco, rue de Berri, un jeune homme, sorte de
cheval de race efflanqué, le visage très pâle, une
guitare dans son étui pendant au bout de son bras
droit. Il se mit à chanter et devint beau. Gréco
resta à l'écouter, retenant son souffle, jusqu'à ce
qu'il cesse et que le temps reprenne ses droits et
son bruit sourd d'horloge, implacable. Elle était
abasourdie. Il s'appelait Jacques Brel. Il venait de
Belgique et était pratiquement inconnu.

Jujube après un grand silence lui dit qu'il
chantait certainement mieux ses chansons que
n'importe qui d'autre pourrait le faire et lui
demanda celle qui lui paraissait la plus difficile à
défendre devant le public. « Ça va, le diable. »
Chanson prémonitoire et terrible.

Le public commença par refuser les vérités
écrites par Brel et transmises par Gréco, il était
par trop dérangé dans son douillet confort mou.
La nature s'en mêla elle aussi. Gréco partait, peu
après cette entrevue, pour une longue tournée
d'été. Aussitôt qu'en plein air elle entamait les
premières paroles de la chanson, il était fréquent
de voir le vent se lever, des bruits incongrus se

faire entendre, quelque chose d'inhabituel, voire
d'étrange, venait à cet instant précis troubler la
soirée. Mais Gréco la têtue insista et les mauvais
esprits se découragèrent. La chanson fit un grand
succès, à la longue.

Jacques devint Brel. Il revint en 1959 accompagné de Gérard Jouannest, chez elle, rue de Ver-
neuil. Il apportait une chanson : « On n'oublie
rien. » Lui, n'avait rien oublié et n'a jamais oublié
ceux qu'il aimait. Les autres non plus. Gérard
Jouannest travaillait en collaboration avec Jacques Brel et a écrit la musique de quarante de ses
plus grands succès, au moins.

Jacques aimait à créer sur les musiques de
Gérard. Elles faisaient image et aidaient les idées
à courir plus vite encore, à prendre forme, à naître
aussi parfois. Jujube est fière. Brel a écrit pour elle
toute seule des chansons qu'elle continuera de
servir avec tout l'amour qu'elle éprouve pour ces
deux hommes.

Le corps de Brel est mort. Inutile. Son œuvre
vit, son souvenir aussi. Jujube chante maintenant
accompagnée au piano par Gérard Jouannest,
celui qui accompagna Jacques jusqu'à son dernier
concert. Personne ne chante ni ne vit comme un
autre sa vie, et Jacques est sans doute plus qu'un
autre irremplaçable. Gréco chante Brel, et Jouannest et Brel. C'est sa manière à elle de mettre des
fleurs sur sa tombe. C'est lui qui les avait semées.
Il ne suffit pas de les arroser de ses larmes, il faut
continuer de les aider à fleurir.

Brassens lui aussi a fait des cadeaux à Gréco.
Brassens le grand, le somptueux anar, celui que
les enfants chantent déjà dans les écoles, Brassens
l'amitié. Bourru mais sûr. « L'auvergnat »... Elle
était allée l'entendre à l'Olympia, en 1954, et avait

courageusement abordé les coulisses car c'était en
matinée et il n'y avait que peu de monde autorisé
à franchir les limites qui séparent l'artiste du
public. Elle lui dit son bonheur et Georges lui
demanda ses préférences. Elles allaient à « L'auvergnat ». Il se saisit d'un papier pelure vert et
copia les mots, puis lui tendit le trésor en souriant
très tendrement : « Tiens, c'est pour toi... » Gréco
ne plia pas la feuille et l'emporta contre elle bien
serrée jusqu'à son hôtel. Elle débutait trois jours
plus tard à Bobino et n'avait pas de temps à
perdre. La chanson fit un triomphe et est aujour-
d'hui un classique au même titre que presque
toutes les œuvres de Brassens. Plus tard, il lui
écrivit « Le temps passé ». Elle l'aime celui-là
aussi.

Médusée, elle a relu il y a quelques jours la liste
de ses auteurs et compositeurs : Prévert et Kosma,
Jean-Paul Sartre, François Mauriac et sa jeunesse
avec « L'ombre », Léo Ferré accompagné de ses
amours folles et de ses haines logiques, inventeur
d'un nouvel argot poétique et sensuel, voire
sexuel, Gainsbourg, le musicien, le peintre, l'écrivain, le poète, l'homme lumière noire, l'homme de
tous les talents et de toutes les inquiétudes. Bobo,
Boris Vian, le temps de la musique et de la
chanson au rythme de ce cœur trop gros dont il est
mort si vite en emportant celui des autres, de ceux
qu'il aimait et qui l'aimaient. Desnos, humain
disparu dans un brouillard glacé et indigne. Aznavour, le grand petit homme. Guy Béart et ses
secrètes blessures tapies sous le sourire. Mac
Orlan et ses voyages immobiles, Mac Orlan et son
béret à carreaux qui contenait de si surprenantes
anecdotes et qu'il sortait comme le prestidigita-
teur les foulards ou le lapin du fond de son gibus.

Le béret n'était pas truqué. Françoise Dorin avec
Gaby Verlor : « Je voudrais faire une chanson »,
Françoise Dorin qui a réussi à enchanter les
autres, petit miracle de charme, de féminité,
d'extrême intelligence. Gaby Verlor, la passionnée
généreuse, celle du « Petit bal perdu », de
« Déshabillez-moi », en compagnie du nonchalant
et talentueux Robert Nyel, réussissant à atteindre
une sorte de perfection dans la simplicité. Jean
Ferrat, sa voix, et sa fleur pourpre Aragon à la
bouche. Pierre Louki, lunaire cruel au rire suraigu
et dramatique, « L'arbre mort ». Fanon, Maurice
l'éperdu, le généreux, le fou de l'amour du mot et
de l'amour. Le tendre, l'émouvant « L'embellie »,
« La folle », « Mon fils chante », et tant d'autres
chefs-d'œuvre. Gougaud, Henri, le faiseur de merveilles, Henri près du cœur des mystères et de
celui des femmes, des humains, « Vivre », « Non,
monsieur, je n'ai pas vingt ans »... et tant d'autres.
Georges Neveux et « Les amours perdues ». Florence Véran, qui écrivit la musique du fameux
« Je hais les dimanches » sur des paroles d'Aznavour et Pierre Roche. Pierre Delanoë, celui qui
connaît tout de ce métier, l'orfèvre en chanson,
« De Pantin à Pékin ». Jean Dréjac et Hubert
Giraud, avec ce morceau de « Ciel de Paris » que
Gréco continue de transporter soigneusement
dans chacun de ses voyages autour du monde, et
arrivée sur scène, le déployant comme un drapeau. Bottom, Frédéric, entouré de ses « pin-
gouins » et de ses « pingouines » et cultivant le
jardin de ses amitiés. Jean-Loup Dabadie, celui
qui ne se trompe jamais quelle que soit son
entreprise, mais que cela fera toujours sourire, et
de quel sourire : « Ta jalousie ». Georges Walter
et Philippe Gérard, « Les canotiers », beauté pure

et parfaite, un Manet, un Monet, un Renoir en musique. Georges Walter l'écrivain et Philippe Gérard le musicien subtil et complet que l'on sait. Maurice Vidalin, l'homme et ses trésors pudiques, le secret, l'inclassable, le marginal, le poète qui sans jamais changer ni faire de concessions a réussi à trouver le cœur d'un immense public et à le garder. Jacques Datin le musicien, l'ami disparu que chacun cherchera toujours histoire de retrouver un instant ses mains sur le piano et son rire tendre, l'ami de Vidalin et le nôtre. Parti. « Jusqu'à où jusqu'à quand », etc.

Du tonnant et prolifique Bernard Dimey l'admirable « Nos chères maisons », ainsi qu'une série poétique enregistrée avec Pierre Brasseur et qui n'a jamais vu le jour. Jean-Marc Rivière et Gérard Bourgeois, irrésistible tandem blond et brun, beaux et grands, association de choc pour dames sensibles et chanteuse qui cherche de bonnes chansons. « Un petit poisson un petit oiseau »... L'ami Yvan Audouard et sa « Propriétaire » au vitriol, pur fruit de l'humour audouardesque, mis en musique par un jeune inconnu devenu chanteur crooner bourreau des cœurs, Charles Dumont. Très très bien. Henri Tachan, l'écorché vif, le « tordu par les flammes qui lui brûlent le cerveau et l'âme ». « La mort de juju. » Marguerite Duras et Georges Delerue, rencontre de deux génies pour « Le square ». Henri Colpi et de nouveau Georges Delerue, « Trois petites notes de musique ». Sans commentaires. « L'Opéra de quat' sous » que Gréco chantera dès ses débuts à La Rose rouge. Pierre Seghers, poète d'homme, sacré vivant bonhomme, sacré bonhomme vivant. Raymond Queneau, dont le rire énorme jamais ne s'éteindra, dont l'œuvre demeurera, surprenante

et chaude, palpitant entre les pages de ses livres.
Françoise Sagan et quelques minutes de son uni-
vers si particulier avec une musique de Michel
Magne pour servir les mots. Entre deux rêves
Moustaki : « Madame ». Et puis Jacques Brel et
ses cadeaux écrits pour elle et offerts simplement.
« Je suis bien », « Vieille », etc. Le dernier sourire
proche des larmes sera « Voir un ami pleurer ».

Monsieur Charles Trenet, vous sans qui la chanson ne pourrait être ce que vous l'avez aidée à
devenir, vous à qui auteurs et compositeurs doivent tant, vous qui avez, en dépit de ce que vous
représentez aux yeux de tous, terminé pour une
petite Gréco « Coin de rue », sur le coin de la
nappe de papier blanc qui recouvrait la table du
restaurant dans lequel vous aviez partagé et offert
une omelette à une Jujube subjuguée. « Les nua-
ges »... jamais restaurant n'a si joliment justifié
son nom !

Jean-Paul Sartre, Jules Laforgue, Aragon,
Eluard, Marie Noël, Prévert tant de fois, Jean
Renoir, François Billetdoux, Louise Labé... La
liste en est trop longue et les rencontres trop
belles, Jujube ne peut y croire. Gréco a vécu,
savourant les textes de tous avec amour et plaisir
presque sensuel tant sa violence était grande à
vouloir traduire et faire siennes les pensées de
ceux qu'elle avait choisi de servir. Rien n'est dû au
hasard, elle a tout désiré, travaillé et vécu.

Les orchestrateurs eux aussi sont le résultat
d'un choix. Ils tiennent une place primordiale
dans l'expression d'un texte et de sa musique.
Parmi eux, des compositeurs comme André Popp ;
Alain Goraguer, Jean-Michel Defaye, Claude Bol-
ling, Philippe Gérard, Bernard Gérard, et pour ses

débuts dans le disque, Michel Legrand! Gâtée Gréco.

Avec François Rauber ce sera l'amitié en plus de la complicité musicale. Pour sa femme Françoise aussi. François Rauber, orchestrateur de tous les disques de Brel, humain sévère et gai et musicien respecté et aimé de tous. Difficile. Au fil des années, de tout cela sont nés des rapports rares.

Tenant une place très importante dans la vie de Gréco et celle de Jujube, la présence depuis plus de vingt ans de Pierre Carrère. Il l'éclaire en scène. Il la caresse à longs traits de lumière, la transforme, l'enveloppe pudiquement ou l'offre au spectateur selon son choix. Choix dicté par la profonde compréhension qu'il a du texte et de ses couleurs spécifiques. Il a un immense talent. Il est l'ami de Jujube. Jujube est son amie. Elle l'aime. Il est de tous les voyages, de toutes les aventures. Ils risquent tout ensemble.

Gréco, comme les neuf dixièmes des chanteurs, a un Marouani. Les Marouanis sont une grande famille tribale, tous agents artistiques de pères en frères, de fils en cousins, d'oncles en neveux. Le sien c'est Maurice D. Marouani. Elle a pour lui une grande tendresse et une réelle amitié. Il voyage lui aussi, autant que faire se peut, avec sa chanteuse. Il l'aime bien.

Au cours d'une tournée en Amérique latine, Chili, Argentine, Brésil, elle retournera à Mexico, au théâtre-Opéra de la ville de Mexico. Cette ville dans laquelle elle avait rencontré D. F. Zanuck et tourné et ri et vécu avec Tyrone Power, Mel Ferrer, Ava Gardner, Henry King, Gregory Ratoff, Audrey Hepburn et tant d'autres, une aventure importante comme chaque film peut l'être, une aventure semblable à une traversée sur un navire clos comme peut l'être un navire qui jamais ne ferait d'escale, jusqu'au port qui est sa destination finale. Un mariage forcé de trois mois, ou plus, ou moins, mais forcé. Ce peut être merveilleux, insupportable ou follement amusant et instructif si on a la « santé »... Jujube a la « santé » suffisante pour ces traversées immobiles. Elle en sortira lisse et enrichie d'une nouvelle expérience.

Les années ayant passé elle se retrouvera sur la scène immense de l'Opéra, seule comme ailleurs, mais la mémoire bourdonnante, sonore, privée de certains visages aimés disparus. Elle aura le premier soir un succès énorme devant une demi-salle. La salle le lendemain sera pleine, louée pour toute la durée des représentations.

Ce ne sera pas dans la carrière de Gréco un phénomène unique. Sa réputation de chanteuse « intellectuelle » rebutera au départ une certaine partie du public. Le phénomène se reproduira quasiment chaque fois. La presse locale se chargera de démentir. Jujube aime les journalistes. Elle en a connu beaucoup et rencontré parmi eux peu d'amis, mais sûrs. Elle comprend leur métier quand il est dignement fait et méprise totalement une certaine forme de presse, celle qui tue et avilit. Fossoyeurs vidangeurs. Gréco doit beaucoup à ceux qui se sont penchés sur son travail, critiquant pour construire, l'aimant ou la blessant cruellement. Certains acteurs, chanteurs disent avec un petit sourire qu'ils se « foutent » pas mal de la critique et des critiques. Gréco avoue qu'elle ne dort pas la nuit suivant une « générale » ou un récital. Elle attend les journaux du matin...

Les femmes. Les mondanités. Le suicide.
Amitiés. Nanine. Une certaine Julia.

Les rapports de Jujube avec les femmes sont aussi complexes qu'elles peuvent l'être elles-mêmes. Elles veulent rencontrer Gréco et son mystère, son image de femme fatale, celle qu'elles ont entendue et vue chanter. Gréco s'absente. Jujube pointe à l'horizon, joue de son apparence et s'en sert dangereusement. Pour celle qui lui fait face, Jujube est la plus forte, elle manipule l'autre. Gréco manipulée par Jujube devient pratiquement insaisissable. C'est le constant et inextricable double jeu. L'adversaire est perdu d'avance. Homme ou femme. Gréco ne prête pas les clefs.

Elle considère que la féminité consiste à être la réponse à la question posée. Pas fainéante Jujube. Elle aime les femmes, leur langage et leur humour, leur pouvoir d'amour, et caresse ses yeux de leurs beautés. Elle admire leur courage et leur force. Jujube peut encore rire et caqueter avec sa sœur comme lorsqu'elles étaient toutes petites.

Avec Françoise aussi, son amie Sagan. Avec elle, elle a vécu des étés miraculeux, brûlants, salés, enfantins et joyeux, accompagnés d'amis comme Bernard Frank, Marcel Lefranc, la belle Sophie Litvak, Chazot papillon de nuit en pleine activité la nuit tombée, et tous, dormant par hasard et hantant les boîtes de nuit de Saint-Tropez, laissant derrière eux un savant désordre. A Paris, la vie devenait relativement plus studieuse. Mais seulement pendant la journée. « La nuit apportait avec elle l'envie de faire ce que nous avions l'envie de faire et de dire ce que nous avions l'envie de dire... » Pour Jujube la mise à feu était immédiate. Il fallait souvent calmer l'ombrageuse Gréco et ses violences. La plus belle des amitiés demeure intacte aujourd'hui, l'inquiétude de l'autre aussi, de même que celle de voir le temps fuir.

Françoise Sagan est un être humain d'une exceptionnelle qualité. Intelligente, généreuse, pleine d'humour et bourrée de talent. Elle est une rencontre à ne pas manquer. Même si vous la rencontrez chez Régine (celle qui travaille trop pour ne pas avoir quelque part, bien caché, quelque chose à oublier, et qui est la plus fidèle des amies), ou bien chez Castel, l'homme aux bras ouverts et à l'oreille bienveillante aux divagations brumeuses de ses copains (Gréco en sait quelque chose). Françoise passe à travers la nuit comme d'autres le jour. De même vit Gréco, mais secrètement.

Pourtant, cette présence et cette amitié n'ont pu empêcher Gréco de faire ce qu'elle voulait faire un certain soir où elle était invitée à une soirée mondaine. Depuis ce soir-là elle refuse de « sortir »... Pour elle, cela signifie maintenant « rentrer ». Elle trouve inutile de s'assourdir et de boire dans un endroit public et glacé. Elle pense que ce serait comique de voir un soir de gala, à l'Opéra, entrer et s'asseoir des messieurs ayant reçu un carton d'invitation mentionnant la célèbre formule « cravate noire » et qui, ayant suivi le mot d'ordre à la lettre, seraient nus, un simple nœud papillon autour du cou. Il en est de même pour les femmes, qui ne sont jamais aussi bien dévêtues que dans les soirées « habillées ».

Mais c'est après cette soirée précise, pourtant en apparence identique aux autres, que Jujube a voulu mourir. Elle est retournée chez elle seule, et là, elle a cherché une boîte de comprimés achetée à l'étranger et qu'elle avait soigneusement gardée depuis des mois, l'a trouvée, a arraché l'étiquette et en a calmement avalé le contenu. S'en est suivi un coma de trois jours et, paraît-il, une lutte terrible pour ou contre la mort. On ne l'a jamais su. On a eu le plus grand mal à la sauver, étant dans l'ignorance absolue de la nature des produits ingérés. La raison de son geste est simple. Elle connaissait tout le monde mais n'a trouvé personne à qui parler. Chacun jetait son propre monologue devenu arme contre celui des autres, cherchant à les briser afin d'être entendu. Batailles sournoises autour d'une anecdote, d'un fait divers dont on essaye de s'approprier les bribes oubliées par de plus rapides. Brouhaha stérile. Belles bouches pleines de serpents. Jujube a vu le squelette à travers le vêtement élégant. Elle a été épouvantée. Plus d'Oursine. Des sourds. Des charognards. Elle se sentira inutile. Seule. Voilà. Elle sera contente d'avoir raté son coup plus tard. Quand même.

Elle vivait à cette époque avec un garçon beau, distrait et généreux, maigre et ardent. Un vrai joueur. Jujube n'a jamais compris comment on peut jouer sans perdre ses yeux à l'intérieur de ceux de son partenaire. Pourquoi jouer ? Pour oublier qui ? quoi ? Quel est son secret à cet homme qui a tout dans la vie, tout ce que,

apparemment, on peut souhaiter posséder ?
Jujube se battra contre toutes les petites musiques
qui l'empêchent d'entendre la vérité. Russe par sa
mère et milliardaire par son père, il est une proie
alléchante sur les champs de courses et dans les
clubs de bridge. Il le sait. Il s'en moque. Il joue et il
perd. Jujube impuissante s'en ira. Elle l'aime bien
et craint le pire, mais le portrait de sa maîtresse
favorite est peint par le démon sur l'une des
cinquante-deux cartes du jeu. Elle le laissera à sa
passion.

Pour d'autres, moins fortunés, c'est le tiercé et
sa pince, ou le Loto. Victimes consentantes d'un
Etat avide plus proxénète que les macs folklori-
ques dont c'est le métier, ils espèrent toujours,
attendant le dimanche suivant. Le même. Jujube
ferait bien comme eux, mais quand elle mise sur le
hasard elle perd toujours. La seule chose qu'elle
s'entête à mettre en jeu, c'est elle-même. Rien ne
l'arrête.

Ceux qui aiment Jujube s'inquiètent. Ils ont
presque renoncé à la comprendre. Marcel Lefranc,
qui est le frère que Jujube n'a pas eu, depuis plus
de vingt ans marche sur un fil au-dessus de la
prochaine décision de Gréco. Il n'est pas encore
tombé. « Tu es insupportable », dit-il sans la
regarder. Et, de peur de perdre son sérieux, il
s'affaire à quelque besogne telle que se saisir d'un
sécateur et passer sa nervosité sur les branches
mortes des rosiers ou leurs fleurs fanées. Jujube
attend, et quand il revient ils bavardent comme si
rien n'était advenu et, de nouveau, se mettent à
rire. Jujube lui a donné sa confiance et sa tendresse. Ils partagent un pain réservé à leur seul
usage. Il fait le sévère ? Elle n'en a cure. Elle

l'aime. Il reste l'une des rares personnes qu'elle voit.

Gréco possède depuis plus de vingt ans une maison dans un village de l'Oise avec, possessive, une glycine, celle de ses rêves d'enfant. Toute proche, se trouve la maison d'Anne-Marie et de son mari, Philippe Héduy, infernal mais ami cher à son cœur. Jujube reçoit rarement. Sa sœur, son beau-frère l'architecte Émile Aillaud, auquel elle voue un « respect-tendresse-admiration-béate » enfantin, sa nièce, la belle Isé chérie par sa tante qu'elle avait surnommée « Julot noir » quand elle était toute petite, sa fille, bien sûr, avec la Julie formidable qu'elle a enfantée, n'échappant pas à la règle. Encore une fille ! Elle a divorcé avant d'être veuve, heureusement pour le mari, enfin, le père. Julie plaît beaucoup à son étrange grand-mère. La dame et la petite-fille ont des rapports humains merveilleux. Seuls, certains détails chez la petite-fille font sursauter la dame : elle se retrouve... et pas dans ce qu'elle a de meilleur.

Les musiciens de Gréco sont venus eux aussi dans son antre favori. Seul, Jacques Chazot ne lui a pas rendu visite ! Chazot, Chazot que Gréco aime tant, amuseur tragique cherchant sans repos son bonheur difficile. Chazot que ses amis souhaitent voir voleter en paix et en joie.

Mᵐᵉ Rigal, dite Nanine, est chez Gréco comme chez elle. Gréco a eu une grande chance le jour où elle a rencontré un tel personnage. Grande, faite au moule, comme on le disait autrefois, la jambe longue et les yeux largement fendus et verts, blonde. Dans la tête une petite usine. Elle a rapidement pris Gréco en amitié et ses intérêts en charge, démêlant ses comptes embrouillés, chassant les importuns, la protégeant en grognant contre elle-même. Elle lui a rendu la vie plus légère, lui enlevant des inquiétudes lourdes à porter. Nanine a un caractère épouvantable et le dit, elle tente de mettre ses menaces à exécution mais oublie en route ou fait semblant. Pendant des années, elle a accompagné Gréco dans ses voyages et partagé bien des secrets. Gréco l'aime profondément car, derrière les yeux qui lancent des éclairs vengeurs et justiciers, brille la petite lumière de l'amitié. La petite lumière aussi d'un amour unique et qu'elle a perdu sans espoir de retour. Gréco sait ce qu'elle doit à « Nanine la terrible », à son intégrité, à sa clairvoyance, mais c'est pour Nanine la fragile, la blessée, celle qui se cache, que Gréco demeure « amitié présente ».

Dans la vie de Jujube, et par la porte d'entrée, est venue un jour « se présenter » une femme. Depuis, elle remplit la maison de rires et de chansons. Elle voit la poésie de chaque instant à l'aide de ses yeux retroussés vers le haut de ses tempes et ne rate jamais l'aspect comique d'une situation. Ses malheurs restent secrets. Jamais elle n'explique pourquoi la flamme dans ses yeux noirs s'éteint. Elle a l'amour de l'autre et le prouve. Elle voit l'invisible et lui sourit, debout, face à une vie qui à tout autre pourrait sembler insupportable. Elle travaille avec et pour Jujube depuis plus de dix ans, émaillant ses activités diverses de discours tenus aux oiseaux, chats et chiens, qui ont l'air de comprendre parfaitement la langue espagnole. Droite et fière, Julia se consume pour le plus grand profit de son prochain. Et pour certains, leur plus grand bonheur.

Chiens et chats.

Rien, rien au monde ne ressemblera jamais à l'amour donné, offert, échangé. En vérité reçu.

Trompette et Jujube ne se sont pas choisies. Cette bâtarde blanche tachée de noir est le résultat du caprice du choix. Choix que l'on peut croire hasard.

Ils étaient trois ce jour-là à la S.P.A. Le père, et deux enfants dont l'une n'était pas la sienne. A son image d'homme fort et bienfaiteur, le geste est propice. Il sauve l'animal impuissant à se défendre contre sa condamnation à mort. On ne peut douter qu'en ce cas précis l'homme était sincère. La chienne frôla l'idée d'une nouvelle chance de vie et de bonheur en arrivant sans sommation dans celle de Jujube.

Elle prit sans violence, sans force, sans apparemment le vouloir, ayant l'air de celle qui n'est pas faite pour ça, l'air de celle qui a souffert par le manche à balai et par les coups de toutes sortes, l'air de celle qui n'est plus vivante que pour plier sous les cris des salauds qui considèrent les chiens comme des esclaves à la langue coupée et à la croupe brisée par ce qu'ils croient être la supériorité de l' « homme » sur la bête... Elle prit, la bête,

très doucement, très lentement sa place dans le
cœur de Jujube. Sur la pointe du sien. Jujube en fit
son affaire d'amour.

Au prix de mille roueries, de tendresse toute
chaude offerte chaque jour, la chienne plus jamais
ne pensa à se coucher à la vue de quelque chose
qui ressemble à un bâton. L'objet de sa terreur, de
sa douleur et de son humiliation se transforma en
un jouet qu'elle sauvait de l'eau quand on l'y
lançait. Le bonheur a duré quatorze années.

Elle est morte. La place qui était sienne restera
vacante. Trompette a emporté avec elle son pouvoir d'amour et Jujube reste dépossédée de cela.

Avant Trompette, il y avait eu toute une dynas-
tie de levrettes d'Italie. Crocodile. Le premier.
Timide et lointain. Abominablement tendre.
Katia, ronde comme un sifflet, joyeuse et bonne.
Sa fille, Pensée, la rapporteuse qui chantait et
punissait Jujube quand elle partait en voyage,
tournant sa jolie tête pour ne pas voir l'infâme
après avoir tenté de se faire emporter en dormant
dans une valise sur les vêtements préparés et
pliés, le couvercle étant resté ouvert jusqu'à la
dernière minute. Utopie, sa fille, belle et folle,
souple et légère comme un bas de soie. Le caniche
noir Léon, cadeau fait à Gréco pour la remercier
d'avoir chanté gratuitement pour des étudiants
étrangers, et qui, le malheureux, a donné la gale à
huit personnes dans la maison. Il fallait voir la
tête des gens quand ils ont vu arriver Piccoli suivi
de près par Gréco et les six autres atteints se
présenter à l'hôpital Saint-Louis dans le service
des infestés ! Tout le monde guérit. C'est Léon qui
souffrit le plus.

Ils sont tous partis aujourd'hui, ces compagnons
de jeux et d'insomnies, ces êtres vivants dépositai-

res de tous les secrets de Jujube, ces patients et attentifs animaux, ces inquiets et ces chaleureux, ces amis sûrs et confiants. Jujube les a tous aimés. De façons très différentes. Chacun pour lui ou pour elle. Pas pour Jujube. Elle les a aimés pour eux, à la recherche de leur bonheur muet mais éloquent. Il en est pour les chats de la même démarche. Quand elle rentre de tournée, ils viennent l'accueillir à la porte d'entrée et lui font un câlin ronronnant et satisfait.

Dans la vie de Jujube, il y a maintenant une petite chose bondissante et soyeuse qui ressemble plus à un jouet qu'à une chienne, mais qui devient de plus en plus attachante. Jujube n'a pas envie de souffrir, mais qui sait ? Parfois l'amour se remet à pousser alors qu'on le croyait mort, le cœur exsangue. Surprenant, comme un arbre au printemps alors que l'hiver semblait sans fin et sans espoir de renouveau.

Jujube a pour les animaux un sérieux penchant. Elle connaît avec eux l'indulgence. Alors qu'avec les humains... et avec elle-même... A eux, merci.

Mais, alors, les hommes ?

Les hommes ? Lesquels ?

Bon. Pour ceux qui sont passés plus près de son corps que de son cœur, Gréco les a fait bouillir et en a récolté précieusement l'écume quand il y en avait.

Pour les autres, il y a le souvenir et l'amitié en plus. Par exemple Sacha Distel, le plus charmant des jeunes hommes qui soit quand il jouait de la guitare au club Saint-Germain et engendrait de muettes amours, transformant les têtes de ces demoiselles et de ces dames en toupies folles. Gréco eut le bonheur qu'il tourne la sienne vers elle et s'y attarde longuement. Un jour, chacun récupéra sa paire d'ailes qu'il avait laissée bien au chaud au fond du lit et le vol solitaire reprit. Sacha est devenu presque aussi célèbre qu'il le mérite et continue ses ravages exquis. A. L. D., lui, continue sa course et sa chasse à la chance avec l'élégance qui le caractérise et que rien ne saurait altérer. D. F. Z., parti pour le plus long des voyages, laisse une place inoccupée, et vide sans doute pour toujours. Tous les autres vont très bien. En tous les cas, Gréco l'espère et le souhaite.

Pour ce qui concerne les maris, elle en a eu deux.

Le premier, Philippe Lemaire. Blond, bleu, ravissant, rieur. Il lui a donné un enfant, une fille,
Laurence Marie. Leur union n'a duré que peu de
mois, juste le temps de mettre au monde le
superbe bébé (copie conforme de son père physiquement) et que ce pruneau de Jujube souhaitait
telle qu'elle lui a été offerte. Son contraire absolu.
L'enfant est devenue une femme jolie, drôle et
intelligente. Secrète. Bien.

La fête que donnèrent les jeunes Gréco-Lemaire
à l'occasion de leurs épousailles fut organisée par
Marc Doelnitz et leurs amis communs. C'était le
début de l'été, la fin radieuse d'un mois de juin
déjà très chaud. Le matin de cet événement, alors
que les deux fiancés se dirigeaient vers la mairie
du VIIIᵉ arrondissement accompagnés de leurs
témoins Jean-Pierre Melville et Guy Desson,
Joseph Kosma et Jean Vietti, les ouvriers envoyés
par une entreprise spécialisée commencèrent de
dresser, autour et au-dessus d'une piste de danse
de bois ciré, une tente et un bar dans le jardin qui
faisait suite au rez-de-chaussée que Gréco avait
loué quelques mois plus tôt rue de Berri, pensant
s'éloigner ainsi de toutes les tracasseries senti-
mentales qu'allait sans nul doute provoquer ce
mariage en bonne et due forme. L'idée d'avoir
traversé la Seine et de s'être installée à proximité
des Champs-Élysées lui semblait correspondre à
un changement aussi profond que celui qui pousse
celui qui se sent coupable à traverser les frontiè-
res, à prendre la mer, ou bien à changer de
nationalité. Lourde erreur, ils étaient tous là
quand la nuit fut tombée, leur carton d'invitation
froissé au bout des doigts, naviguant entre les
tables dressées jusqu'au fond du jardin qu'éclai-
raient des bougies dans de lourds chandeliers de

faux argent loués avec les chaises, la vaisselle, les couvert et le personnel. Ils étaient tous là. L'œil plus ou moins sombre, plus ou moins amusé, plus ou moins voyeur, ils étaient tous là. Ils avaient traversé le fleuve, sachant bien se rendre à une fête donnée en leur honneur. Ce soir-là, Gréco commençait de quitter le très beau et très célèbre jeune homme dont elle allait essayer en vain de porter le nom.

Comme le lui dit, un an plus tard, sa sœur sur les marches du Palais de Justice où le divorce Gréco-Lemaire venait d'être prononcé : « Rien de tout cela ne me semble bien grave. Tu as la garde de ta fille et la soirée que vous avez donnée pour votre mariage était un enchantement. Je ne vois pas ce que tu pouvais demander de plus. » Elle avait sans doute raison. Gréco garde à son premier mari une profonde affection et tout le respect dû à son talent et à son élégance. Ils se revoient avec plaisir.

Une douzaine d'années plus tard, à l'occasion d'un grand dîner donné dans les salons de l'hôtel Hilton à Paris par l'hebdomadaire *Télé 7 Jours* afin de réunir et d'honorer les personnages qui avaient justifié leur présence sur la couverture du journal au cours de l'année, entrant dans la première salle de réception, Gréco repère le dos d'un homme. Grandiose. Elle freine sec, prend son élan et fait le tour. C'était Michel Piccoli. Ils ne se connaissaient pas et se trouvèrent côte à côte au cours du repas qui dura fort longtemps mais qui leur sembla fort court. Ils rirent pendant et entre les plats, se quittèrent ce soir-là et se revirent le lendemain, puis, quelques semaines plus tard, se marièrent et rirent de moins en moins souvent.

Les morceaux du puzzle étaient pratiquement impossibles à garder assemblés. Chacun vécut de son côté un travail qui le passionnait. La brûlure dans la réussite et les larmes dans la défaite étaient autant de solitudes muettes qui finirent par n'en faire qu'une seule pour chacun d'eux. Occupés à s'autodévorer, ils ont oublié l'autre. Gréco a demandé le divorce et, quoique ne voyant pas plus le superbe homme et acteur que durant leur vie dite commune, elle l'aime enfin bien. Librement.

Jujube n'a pu avoir qu'un seul enfant. Sa fille ne l'a autorisée qu'à un amour unique. Elle ne le regrette pas vraiment.

La mort de la mère de Jujube.

Elle est morte. Je n'en crois rien car elle commence à exister enfin en se coulant tout doucement dans la terre. Si un jour on laisse l'herbe pousser de son corps, qu'elle soit mauvaise ou non j'en prendrai un peu et la replanterai chez moi, dans ma terre. Je la surveillerai et lui offrirai un rosier pour aider ma mère à parfumer l'air, afin qu'elle continue d'être. Elle aimait les roses. Elle ne m'aimait pas. Il m'a fallu fleurir seule afin qu'elle me voie. Elle m'a vue, célèbre, admirée à travers les yeux des autres, mais ne m'a toujours pas aimée.

Ce soir, j'ai mis dans ma chambre votre panier à bois. Bois apprivoisé et fer forgé. Forcément. Il ne me plaît pas. Il me satisfait. Mon héritage est douloureux. En guise de testament, consignés sur un petit carnet, quelques noms, quelques oublis, quelques ratures. Pour moi, les cuivres en général et mes meubles. Enfin presque tous. Presque honnête. Pas tout à fait, mais en tout cas très cruel. Seul le trumeau qui me faisait si peur dans l'entrée quand j'étais petite m'est offert : deux hommes, l'un jeune, tirant une femme affolée vers une mer déchaînée, et l'autre, vieux, désignant les flots au jeune homme déjà décidé.

Aujourd'hui j'ai essuyé la poussière qui le far-
dait lui et son miroir piqué. Je commence à être
sûre que d'une certaine manière elle est morte.
Ses oiseaux chantent chez moi et j'ai semé les
graines qu'elle n'avait pas oubliées mais dont elle
n'avait pas eu le temps de s'occuper. Je les ai
semées, moi. La salade de Bordeaux, celle des
quatre-saisons, celle des neiges. Peut-être est-ce là
mon véritable héritage. L'héritage pour celle qui
sème et qui parfois récolte. Celle qui travaille
chaque instant de sa vie depuis des années,
comme si tout était encore à faire, celle pour qui
rien ne semble jamais acquis.

Vous aimiez votre jardin, vous y avez récolté
les fruits, les légumes et les fleurs pour le plaisir
de les porter à votre fille aînée et à votre première petite-fille, dans de jolis paniers. Comme
vous les aimiez ! Vous, morte, vivante plus que
jamais.

Mais, maman, votre maison, ce petit tas fragile
plus construit pour les chats, le chien et les
oiseaux que pour nous, ce petit tas sur lequel
naviguaient deux lits et leurs rideaux assortis, ces
deux lits étaient des bateaux interdits, voiles
pliées. Cela dit, Marin, femme héroïne superbe,
intègre, j'ai retrouvé au fond d'un vieux sale sac de
plastique non répertorié votre tricorne. Vous ne
l'aviez laissé à personne par écrit dans le petit
carnet noir. Je l'ai. Je lui laisserai tant que je
vivrai la lumière du jour et de mes nuits. Vous
aviez deux filles. J'étais la deuxième et la dernière.
La petite idiote qui vous a déchiré cœur et corps à
sa naissance. Ses épaules étaient larges. Elle est
arrivée sur le ventre et le professeur accoucheur
de la famille, ajustant son monocle pour ne rien

perdre du spectacle, s'est écrié : « Oh! le beau garçon... » On m'a retournée et ce n'était que moi.

Alors, tout a commencé de finir entre la mère et l'enfant. Le père corse était vexé, blessé dans son amour-propre. Encore une fille. Gréco! Je crois avoir porté le nom de Gréco comme un homme et, sans doute mieux qu'un homme, je suis une femme. Je suis une femme délicieusement, voluptueusement, fièrement. Nous étions une famille de femmes et le sommes encore. Je ne sais si je vous aime ou vous hais, mais je vous respecte. De cela je suis sûre. C'est tout.

Jujube n'est l'enfant de personne.

Entre les deux seins petits et haut placés le collier d'ambre luit. Lourd. La main très blanche, de ses longs doigts, frôle les rondeurs couleur de miel. Les cheveux aile de corbeau plaqués sur le crâne en épousent la forme parfaite, s'arrêtant en douceur sur la nuque.

Tunique de soie crème au décolleté profond et fendue sur les côtés, découvrant un pantalon de satin noir. Chaque mouvement laissant s'échapper une odeur de départ imminent soulignée de « Cuir de Russie » de chez Chanel, comme vous étiez belle, ma mère. Comme je vous ai attendue.

« Je vais chez Flory... » Flory... ce mot chantait à mes oreilles d'enfant et je voulais croire cette phrase magique. Je voulais croire qu'elle me rendrait ma mère les bras chargés de fleurs. J'attendais seule. Dans le noir. Le cœur fou. Le chat venait dormir près de moi. Sa chaleur me faisait rêver à l'impossible. Quand, ivre de silence, je parvenais à m'endormir, ce salaud commençait ses attouchements tendres. D'abord l'épaule, puis la joue, un peu le nez, et enfin la bouche. Tout cela était si doux, si léger, qu'il en était pardonné sans comprendre pourquoi. Il ne connaissait pas la valeur de l'oubli. Seul le bruit des pas de votre retour pouvait m'apporter le repos.

La nuit, parfois prise d'une inexplicable angoisse, je me glissais dans votre chambre quand je vous savais en plein sommeil, seulement pour vous écouter dormir. Fort. Comme jamais vous ne m'avez entendue vivre.

Je vous aimais quand même, ma mère. Celle que je croyais ne pas mériter. Celle qui m'avait dit de sa belle voix au travers de ses dents blanches, par sa bouche cruelle en forme d'hirondelle « rouge Baiser », que j'étais une enfant trouvée. J'étais perdue.

Ma mère, ma mère... C'est le temps, l'espace d'un cri, d'un hurlement muet. Brisé.

Du plus profond de son silence la voix de Jujube va naître.

Jujube ne veut pas crever. Il lui faut être reconnue. Exister.

Vivre.

Debout. Même couchée, debout. Debout sans forces. Seule. Debout à n'en plus pouvoir. Debout devant la question, devant ces gens tout nus, tous nus, et elle tout habillée, vêtue. Presque protégée, presque, par la carapace tissée de ses silences, de ses larmes froides, de ses impuissances.

Pure, pure. Féroce, féroce est sa vérité.

Seule, à ne jamais avouer. Jamais.

Des années d'amour debout. Quelques heures couchée. Couchée dans le même temps que debout. Debout. Même couchée, debout.

Elle est souvent seule si fort que le bruit de sa solitude fait peur à ses chats. Elle voyage si vite qu'elle semble immobile. Elle fait semblant de s'arrêter pour calmer ses chats et les nourrir afin qu'ils ne craignent pas ses gestes. Rien n'est plus inquiétant que les gestes de ceux que l'on croit immobiles.

Peut-être est-elle absente.

Le bruit du temps qui passe la dérange. Cette cloche catholique qui lui blesse les oreilles, elle a pourtant aidé à lui rendre sa respiration, sa voix. Pourquoi ? Elle aime et respecte le prêtre. Le curé.

Il vit tout près de chez elle dans une maison morte et belle.

Elle est là aujourd'hui, en visite, et regarde l'homme de Dieu. Elle a froid. Le curé est d'une extrême élégance. Quelques paquets de cigarettes, des bleues, cassent la couleur grise de la pièce. L'homme a la soutane épuisée et les yeux grisés par la fatigue. Ils sont assortis. Le froid ambiant est humide et pénétrant. Le fil du chauffage électrique débranché est lové comme un serpent dont on aurait extrait le venin et qui se sentirait inutile. Le curé désire des bancs pour son église. D'accord.

Elle n'a jamais depuis posé ses fesses sur le bois béni, sans doute ne jouira-t-elle jamais du spectacle de la messe, de celui du baptême ou de l'enterrement, mais l'homme en vaut la peine. Celle qu'il se donne. Celle qu'il offre sans bruit à ceux qui ne savent plus à qui parler. Il a failli en mourir. Le froid s'est avéré plus fort que sa chaleur humaine. Il grelottait dans sa cure, mangeant à peine pour pouvoir tout offrir, tout donner. Il s'est retrouvé à l'hôpital tout seul.

Dieu lui a prêté vie. Dieu est un patron. Il sait attendre, il peut. Son ouvrier continue. Il est très pâle, très mince. Il cotise à la vie éternelle. La cloche est devenue électrique. Et Dieu ?

Jujube aime l'amour. Petite, elle rêvait de communion autre que celle que lui apportait, hypothétique, affolante, quasiment sexuelle, la Religion. Seule possibilité de contact, de dire toute la vérité : la confession.

Alors, mensonge. Que raconter à un homme gras et suant planqué dans une boîte de bois ciré pour la circonstance ? Mensonges, et surtout pas le péché des siens que Jujube considérait comme étant le plus odorant.

« J'ai bien dit, disait-elle. " Le péché de mes péchés. " Il a un parfum particulier qui tient à la fois de la fleur d'oranger, de celle du marronnier, et puis aussi et surtout de celle du géranium, cette plante qui déborde des jardinières en été. Eh bien ! Ce parfum ne m'a jamais trompée quand il m'est arrivé, rarement je dois l'avouer, de le cueillir au coin d'une bouche qui me donnait l'envie d'arroser la fleur en grande question. »

A cet instant, elle ferme les yeux, presque heureuse soudain. Elle a reconstitué quelques-uns des visages de ceux qui ont partagé sa vie. Les passions déchirées, brûlées, l'amitié reste intacte. Jujube la cruelle, celle qui a toujours quitté l'autre et l'a sans remords fait souffrir, sourit. Elle ignore la mélancolie, n'ayant pas encore eu le temps de la rencontrer. Elle se lève et se dirige vers la fenêtre, l'ouvre, et laisse entrer le soleil d'octobre qui s'épuise à faire l'amour avec les tomates et les dernières roses. Il chauffe comme un vieux musicien qui sait qu'il donne son dernier concert public. Elle referme la fenêtre, se retourne et croise le regard de celui qu'elle aime depuis un certain long temps. Il est là. Vivant. Elle peut repartir pour son voyage immobile et refermer les yeux encore une fois sur le film qui se déroule à l'envers. Il vient de casser. Parfois il s'enroule autour du cou de quelqu'un et l'étrangle. Vite. En entrave un autre et le fait tomber la tête la première dans l'oubli volontaire. Parfois, il se met tout seul au ralenti, faisant durer, les étirant jusqu'à les déformer, certaines images de bonheur.

Elle ne sait pas marcher à reculons, si ce n'est pour laisser passer quelqu'un, homme, femme ou animal, qui va vers son destin et pour qui nul ne peut plus rien. Inutile elle s'efface, en serrant les dents. Etranges amours que ses amitiés. Elle sont le levain de sa vie, qu'elle pétrit doucement, infiniment, violemment dans le placard de son âge adulte. Sans elles, rien n'aurait pu être.

Un piano joue quelque part. Encore.

Imprimé en France
Achevé d'imprimer
en octobre mil neuf cent quatre-vingt-deux
sur presse CAMERON
dans les ateliers de la S.E.P.C.
à Saint-Amand-Montrond (Cher)
Dépôt légal : 4e trimestre 1982
Bibliothèque Nationale du Québec

Imprimé en France
Achevé d'imprimer